sports pour tous

D1322655

collection dirigée
par Daniel Mermet

TENNIS

Georges Deniau

Robert Laffont

© Éditions Robert Laffont, S.A., Paris 1986
ISBN 2-221-05155-6

Jean Couvercelle a bien voulu préfacer ce livre, et je l'en remercie.
Mes deux premiers livres sur le tennis avaient été préfacés,
l'un par Pierre Darmon et Philippe Chatrier, l'autre par Patrick Proisy.

Pierre Darmon a été le meilleur joueur français de ma génération,
un camarade de toujours, et il pratiquait un jeu d'attaque que j'admirais.

Philippe Chatrier a tellement fait pour notre tennis qu'il est sans conteste,
et de loin, l'homme le plus fort et le plus efficace
parmi les dirigeants du sport français.

Patrick Proisy, lui, a été finaliste des Internationaux de France à
Roland-Garros (1972) à l'époque où j'étais l'entraîneur de l'équipe de France.
Un exploit authentique réussi dans l'ambiance
d'une équipe que j'ai beaucoup aimée.

Si j'ai demandé à Jean Couvercelle de préfacer ce nouveau livre, succédant
ainsi à ces trois amis, c'est qu'il en est également un pour moi. J'éprouve
une grande admiration pour la façon dont il travaille dans le tennis
— et aussi pour le tennis. Il allie à la connaissance de ce sport une honnêteté
scrupuleuse. Il dit ce qu'il voit, il écrit ce qu'il sait,
il critique ou il louange mais il reste constamment objectif.

Ayant été à ses côtés dès la création du mensuel Tennis Magazine
qu'il dirige, je suis heureux de continuer à travailler avec lui
et de lui passer, ici, la plume.

G.D.

Guy Forget est le dernier grand espoir à s'être placé sous la coupe de Georges Deniau qui a été aussi l'entraîneur de l'équipe de France de 1969 à 1972 et a « coaché » de nombreux autres joueurs.

*V*ous ne pouviez pas mieux tomber. Sans doute n'est-ce pas par hasard, d'ailleurs, que vous avez porté votre choix sur ce livre, le nom de son auteur étant en quelque sorte une garantie contre tout abus de confiance. Un livre signé Georges Deniau, c'est une assurance-progrès, un label, qui, au fil des pages de ses bouquins précédents et de ses leçons dans le mensuel Tennis Magazine, a fait largement ses preuves.

Georges Deniau, tête de série des entraîneurs français : je ne vous apprends probablement rien et ce n'est pas pour énoncer une telle évidence que j'écris ces quelques lignes en guise de préface. Georges, de l'équipe de France de coupe Davis à son fameux centre des Hauts de Nîmes, de Georges Goven à Guy Forget, a fait bénéficier de ses conseils, un jour ou l'autre, la plupart des joueurs qui ont tenu les premiers rôles en France. Avec cette passion pour le jeu de tennis qu'il sait si bien transmettre, avec cet « œil » incomparable qui lui fait immédiatement déceler le grain de sable dans un geste apparemment irréprochable. Défaut « invisible » pour le commun des mortels, et responsable pourtant des erreurs, du découragement, de la perte de confiance que tous les joueurs de tennis ont connus – ou connaîtront – un jour ou l'autre. Ce Georges Deniau-là, qui ne s'est pas enfermé dans des certitudes techniques, qui a su évoluer grâce à une observation permanente des champions, beaucoup d'entre vous l'apprécient déjà et les propos n'ajouteront donc rien à sa réputation.

Non, ce n'est pas l'essentiel de ce que je voulais vous dire. Puisque Georges m'a fait l'honneur de me demander de rédiger cette préface, c'est plutôt l'homme Deniau que je souhaitais évoquer.

La vie, comme ça, vous réserve quelques rencontres importantes, qui vous marquent à jamais, précisément parce qu'elles tranchent avec la banalité des « amitiés » aussi éphémères qu'opportunistes. Il y déjà longtemps que j'ai croisé Georges Deniau pour la première fois. Longtemps que j'ai ressenti cette chaleur qu'il sait si bien manifester, ces qualités de cœur que son langage plutôt direct ne dissimule pas toujours, cette honnêteté ancrée au plus profond de lui, cet enthousiasme tellement communicatif, et cet humour dont il a eu le bon goût de faire un partenaire permanent.

Et lorsqu'il s'est agi de créer Tennis Magazine, il y a un peu plus de dix ans déjà, pour toutes les raisons que je viens d'avancer, c'est évidemment à Georges Deniau que j'ai pensé pour prendre la responsabilité des pages techniques. Depuis, mois après mois, nous faisons équipe. Vraiment équipe. Avec tout ce que ce mot peut signifier pour Georges et pour moi.

Une « équipe » dont l'un des grands bonheurs est de se retrouver parfois à l'occasion d'un reportage, au Masters par exemple, ou lorsque nos métiers respectifs nous emmènent au même endroit, c'est-à-dire au bord d'un court, ici ou là.

Un poste d'observation où l'on apprend toujours quelque chose lorsqu'on a la chance d'être à ses côtés. Ce qui, dès que vous allez aborder ce livre, sera un peu votre cas...

Jean Couvercelle
Directeur de la rédaction
de Tennis Magazine

LE TENNIS D'AUJOURD'HUI

Tous les sports évoluent, tous progressent et, quoi qu'en disent certains, les champions d'aujourd'hui sont sans aucun doute plus forts que ceux d'hier.

Ken Rosewall et Rod Laver, mes idoles, qui, eux-mêmes, n'auraient fait qu'une bouchée de Donald Budge ou de Fred Perry, et, à fortiori, d'Henri Cochet et de Bill Tilden, sont donc dépassés ? Mais oui !

Je suis convaincu de cette évolution. Des preuves, des arguments, je n'en cherche pas. Ce n'est pas le but de ce nouveau livre sur le tennis dans cette seconde édition très largement renouvelée. Le phénomène est tellement évident dans tous les sports qu'il n'est pas nécessaire d'en faire une démonstration particulière pour le tennis.

Cette évolution du jeu au plus haut niveau n'a pas manqué d'avoir des répercussions sur les conceptions de l'enseignement, qu'il s'agisse d'abord des techniques ou ensuite de l'entraînement. Si bien des grands principes restent valables aujourd'hui comme hier, ce livre se veut le reflet d'une adaptation à un tennis qui n'est plus tout à fait le même.

Les techniques modernes

Le premier chapitre est consacré à la technique moderne et il fait le plus large appel aux photos. Celles que j'ai choisies sont toutes de Serge Philippot, le brillant reporter du mensuel *Tennis Magazine* qui allie sa connaissance du jeu à un véritable art de la photographie.

N'en doutez pas, en admirant ses photos, en les regardant souvent, vous avez toutes les chances de découvrir le petit quelque chose qui manque à votre revers ou à votre volée. Si vous savez les étudier, elles laisseront des traces sur votre jeu, elles favoriseront l'éclosion et l'épanouissement de votre propre style.

Parce qu'il y a toujours quelque chose – de parfois primordial – à retenir de l'exemple des champions, et le but de ce premier chapitre, essentiellement visuel, est de vous aider à le découvrir. En effet, dans l'enseignement comme dans la compétition, le mimétisme joue un rôle fondamental dans notre sport, et cela sous toutes ses formes. Encore plus de nos jours où le tennis est devenu un sport très populaire largement couvert par la télévision.

Vos modèles, vos conseillers, ce sont non seulement les enseignants du tennis ou les bons joueurs, de plus en plus nombreux dans vos clubs, mais aussi les champions, grâce à ces photos de qualité qui les fixent dans leurs attitudes les plus caractéristiques dont vous avez tout intérêt à vous inspirer, en totalité ou en partie.

Ces modèles, je les ai voulus prestigieux. Ceux et celles qui vont m'aider à vous enseigner les techniques modernes s'appellent Chris Evert-Lloyd, Martina Navratilova, Björn Borg, Jimmy Connors, John McEnroe, Ivan Lendl, Mats Wilander et, bien sûr, le numéro un français Yannick Noah.

Huit professeurs (ils recevront dans certaines parties du livre le renfort de Boris Becker et Stefan Edberg, les derniers arrivés sur le devant de la scène) qui ont été les meilleurs au monde ces dix dernières années et qui offrent un éventail complet des techniques et des styles du tennis moderne.

Des débutants aux bons joueurs

Après les photos qui font rêver, qui peuvent vous donner un instant l'illusion de vous trouver à la place de ces champions admirés, nous devrons bien, ensemble, revenir aux réalités. A celles qui touchent à la stratégie, si importante, et au choix des coups, si délicat. Les idées majeures au sujet des techniques de base et de leur enseignement n'ont pas vraiment changé, mais les techniques de la compétition et l'entraînement ont considérablement évolué comme le montrent les chapitres qui leur sont consacrés.

C'est d'autant plus important de nos jours où, grâce aux méthodes modernes d'enseignement et à ce mimétisme sous toutes ses formes dont nous avons parlé, on ne reste plus très longtemps débutant. La technique de base, en effet, s'apprend mieux et plus rapidement, et les pratiquants sont aussi, pourquoi ne pas le dire, plus adroits, plus réceptifs, plus sportifs d'une façon générale et donc plus coordonnés. Et comme le tennis est d'abord un sport de coordination...

Vous ne serez donc pas débutant longtemps et, par conséquent, ce livre ne s'adresse pas seulement aux joueurs confirmés, mais concerne tous ceux qui se sont mis au tennis, même récemment, et éprouvent l'envie de progresser. Communiquer le goût de la lutte sportive, du progrès, de l'effort, de la victoire, c'est aussi l'un de ses buts.

Et, au bout, vous la trouverez, la victoire, car la vraie, sinon la seule, est celle que l'on remporte sur soi-même...

Le jeu et les choix

Normalement, lorsque vous aurez lu et étudié le chapitre consacré au « jeu » ou si vous préférez à la tactique, vous pourrez vérifier sur le court ce que je vous conseille, explique ou recommande.

En effet, à côté des nombreux croquis qui l'illustrent, j'ai presque fait référence exclusivement aux grands joueurs d'aujourd'hui, tous étant encore en activité, à l'exception de Björn Borg dont la façon – inégalable – de jouer est encore présente dans les esprits de tous les amoureux du tennis.

Et maintenant, au travail...

Après la technique en photos et la tactique en croquis, nous passerons tout naturellement au travail sur le court, et donc à l'entraînement. Si ce chapitre vous semble un peu aride, n'oubliez pas que le travail est la clé de vos progrès. Il est donc logique de vous familiariser avec quelques notions vraiment indispensables dans le domaine de l'entraînement. Par exemple celles, tout à fait pratiques, qui concernent l'organisation d'une journée de tournoi, ou plus simplement la façon de mieux perfectionner tel ou tel de vos coups, tel ou tel enchaînement, tel ou tel système de jeu.

Vous constaterez qu'une large part est accordée à la condition physique et au développement des qualités athlétiques nécessaires pour devenir et demeurer un bon joueur de tennis.

Un sport complet

En effet, le tennis réclame toutes les qualités physiques. C'est, contrairement à l'opinion parfois répandue, un sport complet. Il vous faut des « jambes » comme on le dit, mais aussi des « poumons » et du « cœur ». Bref, vous devez posséder une musculature complète et souple, coordonnée, les qualités premières étant la vitesse et la résistance.

L'entraînement que je vous propose vous aidera à acquérir ou à développer ces qualités physiques et également l'indispensable mécanisation des coups du tennis.

J'ai voulu aussi apporter quelques solutions appropriées aux problèmes individuels de pas mal de joueurs. C'est le moyen, d'une certaine façon détournée, de corriger une faiblesse, une lacune, et il vient, en quelque sorte, se substituer à la technique rigoureuse. Il fait souvent appel à des notions tactiques qui permettent précisément de compenser une faille technique. A partir d'un nouveau choix tactique auquel le joueur ne pensait pas, le coup faible peut progresser. Bien souvent, on veut rechercher dans le simple geste, et seulement dans le geste, le moyen d'améliorer un coup, alors qu'on devrait plutôt regarder du côté de la façon dont on utilise ce coup, en somme du côté de sa conception plutôt que de sa confection.

Aujourd'hui, on l'a dit, le joueur ne reste pas très longtemps débutant. Il est, beaucoup plus vite que dans d'autres sports, attiré par la compétition. Et dès que l'on arrive à un niveau correct de celle-ci, il est non seulement important de développer son niveau de jeu par l'entraînement technique et physique mais aussi de penser aux « détails ». Détails qui ne le sont pas vraiment puisqu'il s'agit de la diététique et de toutes sortes de conseils qui peuvent vous aider à disputer un match dans les meilleures conditions.

Le tennis est un sport où, beaucoup plus qu'on ne le pense, on rencontre des petits inconvénients musculaires, des blessures légères lorsqu'on ne fait pas attention à ces fameux « détails ». Un chapitre est donc réservé aux soins du joueur de tennis, tout simplement parce que mieux vaut prévenir qu'avoir à guérir. Sans trop vous « écouter », accordez-y cependant de l'importance : une petite ampoule qui ne gênerait en rien le clerc de notaire pour rédiger un acte peut tout simplement vous empêcher de tenir votre raquette correctement et vous contraindre à jouer au dixième de votre niveau. Sans parler des ennuis plus sérieux comme le trop fameux tennis-elbow ou des accidents que l'on rencontre dans d'autres sports comme les claquages ou les entorses.

Stages et progrès

Enfin, j'ai tenu à consacrer plusieurs pages aux stages. Dans un livre où l'on analyse essentiellement l'entraînement et l'évolution du jeu, il n'était pas possible de ne pas évoquer la forme la plus récente de l'enseignement, à savoir le stage.

Le stage est devenu au tennis ce que le séjour à la montagne a toujours été au ski. En une semaine, le skieur citadin effectue presque toujours des progrès très marquants. Pour le tennis, qui est à la fois un sport de loisir et un sport de compétition, on est arrivé aux mêmes résultats grâce aux stages. Autre point commun :

si, après la leçon ou le cours collectif, on s'adonne aux joies du ski libre, de même les stagiaires disposent de temps pour pratiquer un tennis libre. Tennis qui permet de jouer sans cette « contrainte » que représente l'œil du moniteur et qui permet aussi de développer véritablement les qualités personnelles du joueur.

Une différence énorme cependant : après le séjour à la montagne, le ski c'est fini. Les stagiaires en tennis, revenus chez eux, deviennent ou demeurent des joueurs de compétition.

C'est à tous ces joueurs désireux de progresser que ce livre est destiné.

La beauté du geste s'ajoute souvent à l'efficacité, comme dans ce service de Yannick Noah, considéré comme l'un des meilleurs joueurs mondiaux dans cet exercice premier.

LA
TECHNIQUE

DE LA THÉORIE
A LA PRATIQUE
LES DIX
PROFESSEURS

L es plus grands champions internationaux vous enseignent dans ce chapitre les techniques modernes du tennis de compétition. La plupart du temps, ces techniques devront être ressenties et assimilées par le joueur lui-même.

L'entraîneur se contentera de guider l'élève par quelques conseils indispensables, mais, même dans ce cas, la recherche de l'efficacité, la volonté de réussir seront déterminantes. C'est la mise en pratique, lors des exercices d'entraînement et des compétitions, qui feront le plus souvent découvrir le geste juste. Mais il arrivera aussi que le joueur « coince » sur telle ou telle action : c'est alors qu'interviendra le travail technique particulier et les conseils du « coach ».

Ce chapitre doit constituer pour vous un guide visuel. Cherchez avant tout à bien vous imprégner des photos, à les faire réellement vivre, à leur donner le rythme sans lequel il n'existe pas de vraie technique sportive.

Présenter vos dix professeurs, évoquer leur palmarès exception-nel, ce serait comme une sorte de crime de lèse-majesté : mis à part Björn Borg, encore présent dans les mémoires, ce sont les plus grands joueurs, les plus grandes joueuses en activité.

Mais chacun d'entre eux a apporté sa contribution au jeu, qu'il s'agisse de la technique, de la tactique, du physique ou du mental. Le passionnant – et la raison de notre choix – c'est que chacun d'entre vous peut et doit en retirer un, et même plus d'un, enseignement tout à fait profitable à son propre jeu et à son désir de progresser.

BJÖRN BORG

Il a été, dans le domaine spécifique du lift, et très précocement, un ultra-doué aussi bien sur le plan physique que technique. A partir de là, il ne s'est pas contenté de laisser son jeu où il en était arrivé lorsque à seize ans il jouait sa première coupe Davis. Tout le monde pensait – et disait – qu'il ne réussirait que sur terre battue, qu'il ne gagnerait jamais Wimbledon, etc.

Et, finalement, il a apporté une réponse au problème qui se pose à bien des joueurs : comment, à partir d'un type de jeu déterminé, faire évoluer celui-ci ? Borg, excellent athlète, super « coureur à pied », était un lifteur des deux côtés. Il s'est encore amélioré dans tous les domaines. Mais il a, en plus, appris à faire progressivement évoluer son jeu sans que l'on puisse vraiment s'en rendre compte d'un jour à l'autre.

Le Borg des deux ou trois dernières années de sa carrière est ainsi devenu capable d'imprégner du rythme à son jeu, en effectuant des lifts un peu moins hauts et des balles plus allongées. Il réussit des changements de rythme fulgurants avec un coup droit dévastateur. Sur des balles courtes, il n'hésite pas à attaquer en force. Sur ces attaques, il peut venir « poser » avec rigueur et maîtrise des volées.

Il est un smasheur remarquable qui ne rate jamais un smash. Il est un serveur qui, sur les surfaces lentes, passe toutes ses premières balles (en servant ce que l'on appelle des « premières-deuxièmes ») mais qui, sur les surfaces rapides, accélère sa première balle pour réussir des aces. Il sait pratiquer le jeu service-volée et ne s'en priva pas pour remporter cinq fois Wimbledon consécutivement. Il sait monter au filet sur des balles coupées et effectuer son revers à une main lorsqu'il est à bout de course.

Voilà tout ce qui a fait du lifteur-coureur-renvoyeur de fond de court le plus grand joueur du tennis moderne. Un exemple pour tous les jeunes joueurs qui font très (trop) tôt du lift leur credo. Ils ne doivent pas s'en contenter : les progrès, il faut aller les chercher du côté de ce que l'on ne sait pas faire. « J'ai un jeu naturel, je le cultive, mais après j'essaie d'apprendre ce que je réussis moins bien », c'est sa leçon. Il est aussi nécessaire à un joueur de tennis d'être complet, en tout cas de le devenir, qu'à une équipe de football ou de rugby.

L'autre leçon donnée à tout le monde, oui à tout le monde, par Björn, on la retrouve dans le domaine de la concentration, du respect de l'arbitre, de l'adversaire. Un phénomène de maîtrise de soi.

JIMMY CONNORS

Ce qu'a apporté « Jimbo » au tennis ? C'est tout bonnement inestimable, c'est l'image du combat, du plaisir de la lutte, de la fureur de gagner.

Il a montré aussi que la technique, même poussée à l'extrême, ne va jamais à l'encontre de la personnalité d'un joueur. Aucun joueur n'a plus méticuleusement mis au point sa technique lorsqu'il était jeune, aucun ne s'est entraîné avec plus d'acharnement et d'application, et pourtant ce travail n'a rien enlevé à sa personnalité. C'est une chose que les joueurs doivent se mettre dans la tête : ce n'est pas parce qu'ils vont travailler très dur qu'ils vont perdre leur personnalité. Si on en a, elle sort...

Comme il le dit souvent lui-même, il joue le jeu qu'il aime, de la façon qu'il aime, en somme il se fait plaisir. Il n'en a donc pas changé, c'est le résultat d'une longue mise au point, comme nous le disions, même s'il a évolué sur quelques points de détail.

Ce qui caractérise son jeu, c'est sa frappe à plat, à une époque où le lift était réputé triomphant. Il a donc montré que le jeu à plat, base du tennis que l'on enseigne en tout premier, peut le rester jusqu'à l'aboutissement. Les effets – liftés et coupés – ne viennent que par besoin de contrôle : si certains joueurs liftent davantage, c'est parce qu'ils ne sont pas capables de contrôler la balle. Mais si l'on a la chance de pouvoir frapper fort, à plat, et de garder la balle dans le court, il ne faut surtout pas chercher à mettre de l'effet. C'est une chance, bien sûr, qu'ont peu de joueurs.

CHRIS
EVERT-LLOYD

Regarder Chris Evert-Lloyd s'entraîner – il faut avoir eu ou avoir cette chance –, c'est constater à quel point elle le fait avec méthode, avec une application extraordinaire. Quand elle commence un échauffement, on la voit placer ses pieds avec la même précaution qu'un joueur de golf... à un rythme différent bien sûr. Elle ajuste son jeu de jambes, elle répète ses coups, cherchant à faire cent fois le même coup droit, le même revers. C'est une vraie leçon de modestie : elle semble se remettre en cause à chaque fois. Elle m'a autant étonné dans ses séances d'entraînement que dans ses matches. Elle est aussi concentrée pour les premières que pour les seconds.

Oui, c'est une leçon pour tous que cette recherche farouche des mêmes gestes, des mêmes appuis, des mêmes positions. Bien entendu, l'adversaire ne lui en laisse pas toujours le loisir. Mais lorsqu'elle reçoit une balle moyenne dans un match, on sent cette volonté réelle – qui est aussi une forme de modestie – de placer ses pieds exactement de la même façon qu'au coup précédent. De ce soin résulte une extrême précision qui est la base même de son jeu. Une précision vraiment étonnante, presque démesurée.

Sur un autre point, Chris Evert-Lloyd est tout aussi incomparable. Si l'on pouvait déterminer l'incidence de la volonté de voir partir une balle pour gagner du temps au démarrage, on s'apercevrait qu'elle est l'une des plus fortes dans ce domaine de l'acuité visuelle. Je suis presque sûr qu'elle a cette si forte envie de voir le plus tôt possible pour ne surtout pas se faire surprendre.

Sa volonté de déceler chez l'adversaire les moindres failles, les moindres gênes, lui permet aussi de nuancer sa zone de replacement, de se placer plus près pour gagner du temps, comme si elle avait toujours peur d'être en retard. Lorsqu'elle réussit un très bon coup et que son adversaire est en difficulté, comme par hasard alors, on la voit s'avancer un peu dans le court. Tout cela concourt à une forme d'anticipation, encore qu'il s'agisse plutôt chez elle d'une somme de connaissances, de prévisions.

Le joueur moyen ne tirera que du profit à la regarder jouer. D'abord au niveau des techniques de base – revers à deux mains, coup droit –, tout à fait conformes à ce que l'on pourrait montrer dans les écoles de tennis. Le rythme des préparations – précoces, lentes – pour déboucher sur un déclenchement rapide, parfaitement coordonné avec le jeu de jambes, est le plus juste.

Enfin, comme Martina Navratilova d'ailleurs, Chris, même battue, est capable de prendre son adversaire dans ses bras, de la féliciter. Elle serre la main de l'arbitre. Dans le domaine de l'éducation du sport, ces deux championnes sont des exemples.

IVAN LENDL

Devenu numéro un mondial après la saison 1985, il a surpris quelque peu en changeant son jeu. Contrairement à ce que tout le monde peut penser, le changement ne résidait pas principalement dans ses progrès au filet. Il ne contrôle pas beaucoup mieux sa volée, en fait. Il a surtout équilibré son jeu.

Les années précédentes, sur terre battue par exemple, on le voyait se placer sur la gauche, accepter de longs échanges, refuser un peu le revers, se replacer loin. Aujourd'hui, pour donner du rythme à son jeu de fond de court, il consent à effectuer davantage de revers dans l'échange, il se replace plus en avant et plus au centre. Ce rééquilibrage lui a permis de jouer plus vite. Il a donc été amené à venir plus souvent au filet et, y venant plus souvent, il y est un peu plus fort. Il lui reste quand même à trouver pas

LES DIX PROFESSEURS

mal de nuances dans les enchaînements service-volée ou entre une volée et la suivante.

Cette évolution en cours peut constituer un exemple pour beaucoup. Il n'a pas conservé, comme certains joueurs de second plan, un jeu excentré, reposant trop sur son coup droit. Ce jeu ne pouvait d'ailleurs pas donner de résultats sur les surfaces plus rapides.

Équilibrer son jeu, cela n'exclut pas de placer un coup droit percutant alors que la balle était plutôt destinée au revers. Quand on possède l'artillerie lourde, il faut l'utiliser... mais à bon escient. Un bon sujet de réflexion pour tous ceux qui se fient trop à un seul des coups de leur jeu ou se croient incapables d'évoluer.

JOHN McENROE

Pour désigner un « roi de l'attaque » il n'y a pas loin à chercher, il n'est que de le regarder jouer... Sur les surfaces rapides, il suit tous ses services au filet. Sur les surfaces lentes, c'est lui qui adopte le plus souvent cette tactique. En retour de service, il essaie tout de suite de construire quelque chose.

Mais il ne faudrait surtout pas voir seulement en McEnroe le joueur qui réussit un coup acrobatique lorsqu'on lui expédie un boulet directement sur lui. Il est bien obligé alors de se débrouiller... Il faut aussi apprendre à regarder et à apprécier sa technique de base. Par exemple, sur terre battue lorsqu'il porte lentement sa raquette en arrière avant de la pousser vers la balle pour frapper celle-ci pratiquement à plat. Ou encore à la volée lorsqu'il se « contente » de placer sa raquette à l'avance sur la trajectoire de la balle puis, ensuite, de venir anticiper celle-ci. La technique de McEnroe est alors la plus dépouillée qui puisse être donnée en exemple, avec cette raquette qui se « balade » la plupart du temps horizontalement.

Par contre, le service un peu plus compliqué qu'il a apporté au jeu ne fait pas vraiment école, encore que certains joueurs essaient de le plagier. Sa technique réclame une immense coordination, un sens extrême du déséquilibre : ce n'est pas à la portée du plus grand nombre et en tout cas pas des débutants ou des joueurs moyens. Il est très souvent mal imité : il ne suffit pas de placer ses pieds parallèlement au filet pour servir comme lui. Lui, il place tout son corps ainsi, puis se déroule littéralement.

Joueur exceptionnel, McEnroe a fait cependant le plus grand tort au tennis par son comportement, par son manque de respect envers les arbitres, mais aussi les adversaires, mais encore le public. Néanmoins, son sens de l'amitié, le goût de défendre son pays en coupe Davis (sauf en 1985) en font un homme attachant.

A son crédit aussi, sa participation régulière aux épreuves de double (sauf en 1985 toujours). Les champions d'autrefois n'y manquaient jamais et cela explique que certains d'entre eux aient été si complets. McEnroe a su dire aux joueurs actuels – sans être toujours entendu – qu'ils avaient tort de s'abstenir : c'est le meilleur entraînement, un moyen de progresser, un moyen de disputer des matches. J'ai toujours tenu ce raisonnement aux joueurs que j'entraînais, mais nous, coaches, nous avions besoin du renfort d'un tel champion. C'est aussi, plus simplement, une leçon pour le joueur de club qui, la plupart du temps, n'aime pas jouer en double et préfère faire son « petit » simple. Il passe à côté de ce que peut apporter le double sur le plan de l'amitié, de l'amusement et des progrès.

MARTINA
NAVRATILOVA

Toute jeune, elle possédait déjà un style athlétique avec des coups classiques et puissants qui semblaient naturels. Elle a affiné, peaufiné, façonné chaque détail de son jeu, et c'est ce que j'admire en elle. Elle-même s'est affinée physiquement, n'a rien laissé au hasard, a suivi des régimes pour être en forme, pour posséder la meilleure qualité musculaire. C'est la professionnelle dans toute l'acception du terme. Elle l'est dans sa vie, elle l'est dans son entraînement.

Son tennis, que l'on peut comparer à celui de l'Australien Rod

Laver autrefois, est le plus beau, le plus complet jamais pratiqué par une femme.

Tout a été méthode dans son perfectionnement, dans l'évolution de son jeu. Mais le côté méthodique chez un champion ou une championne ne diminue en rien la personnalité. Elle n'en manque pas. Elle vibre, elle aime la compétition, elle aime la victoire.

Son style qualifié de masculin ne l'est pas à mon sens. Elle a simplement, si l'on peut dire, la chance de posséder une musculature tout à fait complète et son style s'accorde avec cette morphologie. Si elle avait joué plus du fond du court – c'est à cela que l'on pense en parlant de tennis féminin – elle serait allée contre un tennis vraiment adapté à ses qualités propres.

Elle ne s'est pas contentée de travailler sa technique pour qu'elle soit parfaite. Elle a encore trouvé le rythme juste et l'élégance dans le mouvement. Et il y a souvent, sinon toujours, un rapport entre la qualité de la technique et l'élégance : un geste élégant est rarement anti-technique.

YANNICK NOAH

Ce qui me plaît chez lui, et je voudrais que les joueurs qui le voient en match le retiennent, c'est sa générosité. Yannick est généreux avec son corps, il se livre dans la bataille, dans les courses, dans les extensions, dans les détentes, dans les déséquilibres. Cette générosité physique s'accompagne d'une générosité mentale, et là encore il donne l'exemple. Si une balle qui « emplâtre » la ligne est annoncée faute, il essaie spontanément d'être généreux. Il ne le fait pas par cabotinage, il l'indique d'un geste discret afin que le jeu ne soit pas haché. Il est d'une loyauté absolue. Il ne triche pas non plus dans ses interviews : quand il a fait une « bêtise », il le dit. Il est le premier à reconnaître ses erreurs, qu'il s'agisse de sa préparation avant telle ou telle rencontre ou d'autre chose.

Le joueur moyen doit, comme lui, ne pas se chercher d'excuses, doit être capable de reconnaître la qualité de jeu de l'adversaire. Yannick Noah n'est pas un joueur tellement doué au niveau technique, excepté pour son service et son smash qui sont des modèles absolus. Il n'est pas possible de faire plus juste, plus beau que son service. Une beauté qui vient de la sienne, de son esthétique sans doute, mais c'est d'abord la technique qui le rend beau. Parce que si vous le voyez faire un coup droit ou un revers dans un échange de fond de court sur terre battue, lui-même est toujours aussi beau, mais en fin de compte, il est quand même plutôt « moche ». A la volée, ce n'est pas tellement la qualité technique du geste qu'il faut voir, mais cette farouche volonté de ne pas se faire passer. Il sait qu'il peut l'être mais il ne le veut pas.

Il fait les choses par passion depuis le début de sa carrière. Quand il s'entraîne, c'est par passion. Il lui a même peut-être manqué, aussi de s'entraîner parfois par devoir...

Enfin, Yannick Noah a été le premier véritable attaquant depuis pas mal de temps à prouver qu'on pouvait gagner sur terre battue. Le tennis français a souffert de l'opinion de trop nombreux joueurs qui répétaient : « On est sur terre battue, on ne peut pas monter au filet, d'ailleurs, regardez au plus haut niveau. » Oui, mais si on restait au fond contre Borg on perdait aussi...

MATS WILANDER

Le Suédois est le prototype du joueur qui, ayant appris, enfant, à effectuer un revers à deux mains, s'est très tôt dans sa carrière donné un excellent revers coupé à une main. C'est une leçon pour tous ceux qui jouent à deux mains.

Par ailleurs, il juge sa technique suffisante : je ne vois pas un seul coup qu'il ait modifié. Il a cherché simplement à les travailler, par le jeu dans la compétition et par une vie méthodique. Comme Borg, il a su faire évoluer son jeu, d'un jeu défensif à un jeu de contre-attaque puis à un jeu d'attaque. Mais si, chez Borg, les changements ont été assez spectaculaires au plan technique (entre autres, sa façon d'engager son épaule au service, son revers à une main appris sur le tard), il semble que chez Wilander la technique ait été déjà acquise. En fait, il a été plus complet plus tôt que Borg.

Il n'a pas eu grand-chose à apprendre, il lui a seulement fallu prendre conscience de ce qu'il savait le faire. Il s'est donc mis à utiliser ses coups, déjà suffisants, en fonction des besoins, des adversaires, des surfaces.

En somme, il a été capable de se rendre compte que le jeu qui l'avait fait gagner l'ennuyait un petit peu, et il a recherché la façon de s'amuser davantage. Il l'a trouvé en pratiquant un jeu plus offensif mais aussi en jouant les doubles avec son meilleur ami, Joachim Nyströem. Il faut toujours penser au double pour s'amuser...

LES PROFESSEURS
DE DEMAIN

On ne les connaît pas encore tous, mais certains ont déjà donné quelques leçons non négligeables.

BORIS BECKER

Boris Becker, c'est une sorte de mélange de Yannick Noah et de Lendl. Si sa technique de base en coup droit et en revers se simplifie un petit peu au fil des années, si ses qualités de vitesse de réaction pure, souvent compensées au filet par cette volonté de ne pas se faire passer, un peu comme Noah, s'améliorent, il peut devenir l'un des plus grands joueurs de l'histoire du tennis.

Mais, pour l'instant, cette technique semble essentiellement efficace grâce à sa volonté de gagner, grâce à son travail, et il en a déjà fait énormément, et grâce au fait qu'il ne connaît pas le doute. S'il ne les améliore pas, ses coups risquent d'être beaucoup moins payants lorsqu'il va y avoir doute. Ses adversaires ont été sous la pression de ce jeune qui sait qu'il va gagner, qui n'a pas peur. Mais si ceux-ci s'aperçoivent de certaines de ses lacunes et si elles ne sont pas comblées, le doute va s'inverser.

Donc, on peut penser qu'il a les moyens de faire un super champion. Mais il devra travailler une technique encore assez rudimentaire pour certains coups.

STEFAN EDBERG

Stefan Edberg a déjà, malgré son jeune âge, réhabilité un coup du tennis, le service lifté, qu'il exécute parfaitement et qui fait de sa deuxième balle l'une des plus redoutables au monde. Dans le tennis d'aujourd'hui, la plupart des joueurs ne liftent pas vraiment. Ils préfèrent le slice, coup d'ailleurs très important pour ouvrir le jeu, notamment pour les gauchers. Ou alors, leur effet lifté n'est pas vraiment agressif. Lui a la chance d'avoir à la fois une frappe extraordinaire et ce lift, ce qui lui permet de monter très vite à la volée.

Là, il est vraiment le volleyeur naturel parfait. Sa volée va vite, mais il peut aussi bien la jouer en toucher de balle. Il se sert parfois, pour monter, d'une chose que peu de joueurs savent faire : dans un déplacement latéral, il anticipe ses appuis pour réaliser un coup dans le sens du filet. Il y parvient aussi bien en coup droit qu'en revers. Enfin, sous une apparence un peu désinvolte, il semble bien posséder une farouche volonté de l'emporter, qui ne surprend pas vraiment chez un Suédois.

Suédois, il a donc appris à l'origine le revers à deux mains. Puis s'exerçant également au revers à une main, indispensable dans certaines situations, il s'est senti bien plus à l'aise et a carrément abandonné le jeu à deux mains. Il prouve ainsi qu'il ne faut pas lutter contre sa nature : si vous avez une bonne prise, si vous savez faire les deux, si vous constatez que le revers à deux mains ne vous apporte rien de plus, ne jouez plus qu'à une main.

Il représente bien cet esprit de l'école suédoise dont on connaît les résultats : on ne pousse pas les jeunes à jouer systématiquement d'une certaine façon seulement parce que c'est la mode...

En plein démarrage pour jouer un revers, Chris Evert-Lloyd soutient sa raquette avec la main gauche tandis que la droite la tient avec une prise neutre.

Cette attitude d'attente de Yannick Noah est typiquement celle du volleyeur, comme l'indique le fléchissement accentué des jambes. Avant de se détendre pour, vraisemblablement, effectuer une volée de revers, il vient tout juste de lâcher sa raquette de sa main gauche qui l'aide maintenant à trouver son équilibre.

La tenue de raquette à une main favorise les courses difficiles. Adepte pourtant du revers à deux mains, Mats Wilander, visiblement pressé par le temps, lui accorde ici la préférence pour être plus libre de son mouvement. A noter que le poignet contrôle parfaitement la raquette dont le tamis est plus bas que celui-ci.

LA TENUE DE RAQUETTE ET LES ATTITUDES ENTRE LES COUPS

Dans le tennis moderne, les notions de prise ont beaucoup évolué. En effet, le jeu à deux mains, l'usage prononcé du lift en coup droit comme en revers ont débouché sur un grand nombre de nuances dans la façon de tenir la raquette. Ces nuances ne sont cependant pas très importantes dans le détail, dans la mesure où bien souvent ce sont le geste et le coup recherché qui amèneront le joueur normalement doué vers la prise juste. Au niveau de l'initiation, les prises de base demeurent les prises simples, les plus généralement utilisées. Mais attention, une tenue de raquette correcte est aussi importante en tennis que peut l'être une bonne garde en boxe. Elle permet, avec d'infimes nuances, l'apprentissage des coups de base du tennis. On remarque aussi que les champions, au-delà de la diversité des prises, adoptent entre les coups une attitude commune : la raquette est tenue à deux mains, aussi bien par les joueurs qui effectuent leur revers à deux mains comme Mats Wilander ou Christ Evert-Lloyd que par les adeptes du classique jeu à une main. Tous les débutants peuvent avec profit s'inspirer de cette attitude et de cette prise, en général très voisine d'une prise neutre, dite « prise marteau ».

Lorsqu'il s'apprête à servir, Jimmy Connors lève les deux mains, la balle et la raquette dans la direction de l'adversaire.

LE SERVICE

Martina Navratilova illustre l'écartement idéal des pieds dans l'axe du jeu. Ses appuis sont parfaits et peuvent servir de modèle.

Il n'est sûrement pas inutile de vous rappeler cette idée essentielle que vous devez garder présente à l'esprit : le service est le seul coup où vous n'êtes pas tributaire de l'adversaire. Il est donc nécessaire de parfaitement organiser son mouvement par une longue concentration dans laquelle le joueur ne se contente pas de placer ses pieds, placer ses bras, prendre la balle dans la main gauche (ou la droite s'il est gaucher) mais aussi se prépare psychologiquement à effectuer tel ou tel type de service, dans telle ou telle direction, avec plus ou moins de force. Ce moment de concentration est toujours très important chez le champion, mais les attitudes que vous pouvez observer dans les pages suivantes sont toutes orientées dans la recherche d'une certaine finalité. Si vous désirez progresser au service, vous devrez, dans un premier temps, ne pas vous obnubiler sur le but à atteindre mais plutôt penser aux détails techniques qui, seuls, vous permettront de parvenir à la précision dans le lancer de balle et de trouver le rythme juste – lent puis accéléré. N'oubliez jamais que le service est d'abord une question de coordination.

Chris Evert-Lloyd exécute un armé très, et même trop, haut. Cela lui enlève certainement un peu de puissance, mais sa précision reste extrême.

Martina Navratilova montre, à la frappe de balle, l'accélération du poignet avec un mouvement de pronation (torsion) de l'avant-bras. La réception pour ce service ciseau se fait sur la jambe gauche.

Björn Borg débute son mouvement les deux bras allongés. Son regard prouve une intense concentration.

Sur surface rapide (ici, l'herbe australienne), Ivan Lendl termine violemment une première balle de service : il a sans doute recherché l'ace.

L'inimitable

Le service de John McEnroe est inimitable. Ces deux photos prises du dessus (à Flushing Meadow) le démontrent, si besoin en est.

Au début du mouvement, John McEnroe se trouve effectivement le dos complètement au filet, parallèlement à la ligne de fond. Il lance la balle en avant de celle-ci, puis se fléchit sur ses deux pieds. Ensuite, il se penchera vers le filet dans un déséquilibre complet, alors que l'ensemble de son corps pivotera, se « glissera » sous la balle, se détendra comme un ressort pour venir la frapper. Ce mouvement circulaire de l'ensemble du corps est complété par celui de la raquette qui imprègne un terrible effet slicé.

Et, summum de la coordination, McEnroe est capable, dans un dernier rétablissement, grâce à son exceptionnel sens du déséquilibre et à un mouvement du poignet, de délivrer son service à plat pour rechercher l'ace.

Yannick Noah est très tendu dans l'attente du service. Il se redressera au moment où l'adversaire frappera la balle.

LE RETOUR DE SERVICE

Le retour est peut-être plus important encore que le service. Réussi, il vous permet d'entamer l'échange dans de bonnes conditions. Et si vous voulez bien rentrer dans cet échange, vous n'avez pas le droit à l'erreur. Ce retour, qui semble n'être qu'un simple coup droit ou un simple revers, est en fait bien plus délicat à réaliser qu'un coup d'attente de fond de court, car le serveur a pu vous délivrer, dans les meilleures conditions, une balle difficile. Les difficultés du retour sont notamment l'adaptation de la flexion des jambes à la nature de la surface et la nécessité de posséder une grande souplesse des épaules. Car, dans certains cas, vous n'aurez pas le temps de placer parfaitement vos jambes et le haut de votre corps aura besoin de s'orienter rapidement pour effectuer le mouvement voulu. Une autre difficulté : vous serez peut-être obligé de ramener votre raquette plutôt vite devant vous avant que le mouvement de préparation proprement dit soit terminé.

Tout ceci réclame une grande coordination et un travail que vous effectuerez en respectant certains points précisément illustrés dans ce chapitre par Martina Navratilova, Boris Becker ou Yannick Noah. La « lecture » du service adverse, expression souvent employée, consiste à voir le plus tôt possible la balle partir de la raquette de l'adversaire : je ne saurais trop vous conseiller de regarder déjà celle-ci dans la main du serveur et de ne plus ensuite la quitter des yeux. Cette concentration extrême, conjuguée avec l'attitude et le sursaut que les champions choisis vont vous enseigner, doit vous aider à voir la balle un peu plus tôt, et dans une attitude qui vous prédispose à agir. Bien sûr, les habitudes de l'adversaire, lorsque vous les connaissez, ses façons plus ou moins variées de lancer la balle, peuvent également vous

Sur une balle rapide qui lui vient droit dessus, Mats Wilander a eu le temps de s'effacer d'un rapide pas de côté sur sa droite. Ce pas de côté est la base du placement en retour de service.

A la frappe, après une préparation terminée pratiquement à hauteur de celle-ci, Martina Navratilova montre un équilibre parfait. Elle est rentrée dans le terrain pour un coup offensif qu'elle suivra sans doute au filet.

permettre une vision plus précoce mais ne sont pas des critères suffisants. C'est votre « volonté de voir » qui vous permettra de réagir plus vite.

Il existe évidemment des différences selon que vous avez à retourner une première balle ou une seconde balle de service. Sur une première balle, vous vous placez à une distance telle que vous êtes à peu près certain de pouvoir effectuer votre retour par un simple sursaut, voire un petit pas chassé latéral. Sur une seconde balle, vous vous placez un petit peu en avant ou, en tout cas, vous cherchez à vous avancer pendant le geste de l'adversaire et à gagner le maximum de terrain une fois que vous avez « lu » la balle.

S'il est difficile de prendre l'avantage sur une bonne première balle, sur une seconde balle, il faut avoir comme objectif de ne laisser aucun avantage à l'adversaire et, comme elle sera plus courte, de réussir un bon coup en étant déjà à l'intérieur du terrain. C'est particulièrement vrai dans le tennis féminin, au moins de niveau moyen, où les services sont plus faibles. D'ailleurs, au niveau supérieur, les grands relanceurs comme Jimmy Connors ou John McEnroe essaient toujours de prendre un avantage immédiat dès le retour.

Boris Becker, dans une position difficile, a joué un coup droit en force. Sur la fin du geste, il maîtrise bien son équilibre et peut amorcer un replacement qui sera d'autant plus agressif que son retour aura fait souffrir son adversaire.

Martina Navratilova attaque une balle dans la foulée. Dans sa préparation, ses deux mains se trouvent pratiquement à la même hauteur, ce qui donne un équilibre idéal au geste.

L'attitude d'Ivan Lendl montre l'ampleur du mouvement et l'énergie nécessaire à la réalisation de son formidable coup droit.

LE COUP DROIT

Le coup droit est en général ce que les joueurs débutants apprennent de la façon la plus naturelle au niveau des bras, les enfants particulièrement. Parmi ceux qui ne parviennent pas à effectuer un coup droit techniquement correct, beaucoup se contentent de coups d'adresse, de « poussette », avec des raquettes pendantes ; la base du coup, comme le montre Jimmy Connors dans les pages suivantes, c'est quand même d'amener la balle à l'horizontale, dans les préparations et dans les frappes. Il est donc essentiel, la raquette n'étant pas guidée par l'autre main comme dans le revers, d'acquérir le geste juste. A partir d'une bonne tenue de raquette, les nuances de prises se découvrent assez aisément,

Les trois temps d'un coup droit pratiquement plat de Jimmy Connors. Ce coup est joué dans la foulée, avec un très léger effet latéral, caractéristique, lui aussi, du style du champion américain.

et les joueurs la personnalisent vite. Si, en attente, on a une tendance à avoir une prise neutre, il y a lieu d'apprendre à fermer un peu la prise mais pas obligatoirement de façon aussi prononcée que le montre Jimmy Connors sur ces photos. Par la suite, les joueurs découvrent des préparations de coup droit avec des raquettes plus hautes et plus fermées vers le sol qui favorisent notamment les effets liftés et les frappes amples. Mais il faut bien savoir qu'il ne s'agit pas de la technique de base. Ce sont des techniques pour champions ou bons joueurs, lesquels sont généralement capables, lorsqu'il faut contrer la balle, de raccourcir leur préparation et de présenter la raquette sur le plan horizontal par un geste plus court, notamment en retour de service.

Pour un coup droit d'attente, Mats Wilander a eu le temps de se placer parfaitement en appuis ouverts. Remarquez comme le bras gauche équilibre le mouvement.

Toute l'énergie de Yannick Noah se lit sur cette photo où il exécute un coup droit en force avec une poussée de la jambe droite.
Cette poussée verticale favorise la frappe et le lift donné à la balle.

Dans son attitude caractéristique, Björn Borg nous permet de constater plusieurs points : le remarquable placement des pieds ; la position parfaite de la raquette dont on devine l'angle ; le léger effacement du bras gauche favorisant la propulsion de la raquette par l'avancée de l'épaule droite qui va suivre ; l'extrême application qui se devine.

Dans tous les coups de fond de court, l'accompagnement est très important. En coup droit, il n'est pas toujours évident pour le débutant, et il ne saute pas forcément aux yeux des spectateurs en voyant jouer les champions, cela en raison de la rapidité du geste. Cet accompagnement est d'ailleurs moins visible en coup droit qu'en revers. Il faut cependant noter son ampleur et l'importance du jeu du bras et des deux épaules.

Cet accompagnement est particulièrement important pour les débutants car il leur permet de parfaitement contrôler leur raquette et la direction qu'ils veulent donner à la balle, et également de « fabriquer » leur musculature.

Chris Evert-Lloyd place soigneusement ses pieds pour plus de précision et de puissance. Cette recherche de la perfection dans le placement des pieds est une leçon de modestie dont il faut s'inspirer et que l'on retrouve d'ailleurs dans tous les grands revers à deux mains.

LE REVERS

La frappe est très énergique et la fin de geste rappelle un peu le swing du golf.

Le revers rebute souvent le débutant. Et pourtant, c'est un coup qui, par la suite, pourra sembler plus naturel à bien des joueurs. Il est nécessaire, cependant, d'en apprendre parfaitement la technique. Celle-ci est généralement un peu plus aisée que celle du coup droit où l'on a souvent pris de mauvaises habitudes. Lorsqu'on apprend le revers dans les écoles de tennis ou les stages, on découvre tout de suite le geste juste, et il y a moins de possibilités de faire des erreurs, notamment dans la préparation. La raquette, souvent guidée par la main gauche, est mieux située dans l'espace.

L'école suédoise, avec Björn Borg à sa tête, a été à l'origine du fameux revers lifté à deux mains qui a fait tant de ravages, particulièrement en défense et en passing-shot.

*Remarquablement équilibrée,
Martina Navratilova
effectue une préparation
très haute pour un revers
qui sera slicé.*

*La prise très fermée de
Yannick Noah lui permettra
de fortement lifter mais
enlèvera une grande partie de
la vitesse à la balle.*

Le revers est également le coup qui a plus évolué dans le tennis d'aujourd'hui. Si les revers à deux mains ont toujours existé, il en existe maintenant une prolifération, notamment dans l'école suédoise. Chris Evert-Lloyd, Jimmy Connors et Björn Borg ont porté la technique du revers à deux mains au plus haut niveau. Si le revers de Borg était très personnel, parce que essentiellement basé sur le lift, les revers de Connors et de Chris Evert-Lloyd sont très simples dans leur conception et dans leur présentation de raquette.

Ce genre de revers est à conseiller aux débutants, ce qui ne les empêchera pas, ensuite, de le faire évoluer pour le rapprocher de celui de Borg ou de celui de Mats Wilander. Même pendant l'apprentissage du revers à deux mains, il est nécessaire d'apprendre

Pour un retour difficile mais qui lui permettra peut-être cependant de prendre l'offensive, John McEnroe a raccourci sa préparation pour « contrer » la balle et la frapper devant lui.

Tandis que Björn Borg lâchait sa raquette de la main gauche après la frappe, Mats Wilander accompagne le mouvement jusqu'au bout à deux mains.

Le revers à deux mains de Jimmy Connors est presque toujours frappé très fort et joué à plat, un peu à la manière d'un swing de golf. La main droite lâche la raquette en fin de geste pour ce coup d'une extrême puissance.

également à exécuter correctement un revers à une main. L'école suédoise l'a prouvé, le revers à deux mains ne se suffit généralement pas à lui-même. Les plus récents des meilleurs joueurs à deux mains ont besoin de savoir réussir un revers à une main, notamment pour des coups d'attente ou d'extrême défense, pour des raisons bien évidentes d'équilibre dans la difficulté et aussi d'allonge.

Dans l'évolution du revers, on remarque aussi que les joueurs exécutent de plus en plus de revers liftés avec des prises très fermées. Ce qui n'est peut-être pas la meilleure chose : bien des joueurs comme John McEnroe, Stefan Edberg ou Boris Becker possèdent d'excellents revers avec des prises nettement moins fermées que celle, par exemple, de Yannick Noah, et qui permettent peut-être une frappe plus lourde et plus puissante.

LA VOLÉE

Dans la mesure où deux joueurs sont sensiblement de même force et excellent en coup droit, revers, retour de service, c'est évidemment par une volée ou un smash que le point a les meilleures chances d'être gagné par l'un ou l'autre. Le plaisir que peut avoir un joueur à « déposer » une balle dans le carré de service face à un adversaire qu'il a d'abord débordé, le plaisir que peut avoir un joueur, après avoir réalisé une bonne attaque, à frapper en puissance une volée hors de portée de son adversaire sont, à vrai dire, immenses. Maîtriser la technique de la volée vous permettra donc d'atteindre ce bonheur.

Sur le plan technique, nous allons analyser les gestes de quelques-uns des meilleurs volleyeurs mondiaux. Mais ne perdez pas de vue que, s'il existe un art de la volée, c'est bien celui que possède, et à quel point, John McEnroe. Cet art c'est, grâce à la lecture rapide de la balle de l'adversaire et à une coordination fantastique, de placer très tôt sa raquette un peu en avant de lui, déjà dans la trajectoire où la balle doit passer. A partir de cette mise en place, il fait avancer la raquette pour prendre la balle

A la volée, McEnroe a des attitudes très personnelles. En général, sa technique à la frappe est un modèle. Parmi les champions ses coups de base sont les plus simples et les plus parfaits.

Tout comme John McEnroe, Martina
Navratilova est très technique. On peut à
peine souligner qu'elle est un rien moins à
l'aise, mais sa concentration est extrême.

Dans cette attitude de Connors, on retrouve
tous les points techniques d'une volée agressive :
déséquilibre vers l'avant ; jambes fléchies et
franche avancée dans la balle.

encore plus en avant et éventuellement la faire dévier par une
angulation du poignet.

N'oubliez surtout pas, à propos de la volée, ce que l'on disait
il y a quelques années : à savoir que les attaquants ne seraient
plus capables de combattre à armes égales avec les redoutables
lifteurs du tennis moderne, représentés à l'époque par Björn Borg
et Guillermo Vilas. Aujourd'hui, l'évolution du jeu a prouvé que
même sur terre battue, et à fortiori sur les autres surfaces, c'est
à la volée que se gagnent les matches. En 1985, par exemple, c'est
au filet que Mats Wilander a remporté son second Roland-Garros,
que Boris Becker a explosé à Wimbledon, qu'Ivan Lendl a enfin
pu gagner à Flushing Meadow, et que Stefan Edberg, merveilleux
volleyeur, a enlevé en Australie son premier tournoi du Grand
Chelem. Les années précédentes, John McEnroe et Yannick
Noah avaient déjà montré la voie : l'époque des volleyeurs est
revenue.

Dans le tennis féminin, Martina Navratilova est, à ce point de
vue, la joueuse la plus complète de l'Histoire. Elle est exemplaire
dans toutes ses techniques, aussi bien au fond du court qu'à la
volée, mais c'est bien au filet qu'elle vient terminer ses points.

Yannick Noah n'a certes pas le geste aussi « facile » que John McEnroe lorsqu'il est au filet. Mais quelle envergure et quelle présence comme sur cette photo où, ajoutant un sens de l'acrobatie à ces deux qualités, il bondit littéralement. Notez aussi, en volée de coup droit comme en revers, en appuis comme dans la foulée, la souplesse et la force des jambes qui permettent l'exacte flexion réclamée par chaque type de volée.

Et sa grande rivale, Chris Evert-Lloyd, réputée joueuse de fond de court, ne considère pas non plus ce jeu de fond de court comme une fin en soi : il s'agit bien sûr de « récupérer » des points sur les erreurs adverses mais aussi de se préparer le chemin du filet et on la voit fréquemment venir « poser » des volées gagnantes. Elle peut servir d'exemple à tous les joueurs et les joueuses qui craignent de quitter la ligne de fond : la volée la plus importante, celle que l'on doit acquérir en tout premier, c'est celle qu'on « pose », pas celle qu'on « punche ». Après une bonne attaque, si vous avez réussi à contraindre l'adversaire à jouer une balle difficile, il est indispensable de posséder la meilleure précision pour « poser » une balle hors de sa portée. Il n'est nul besoin de se précipiter lorsque l'attaque a été vraiment correcte.

La volée reste et restera donc le but final du tennis dans la mesure où, même sur les surfaces lentes, le jeu de fond de court ne suffit pas. Encore plus sur les surfaces plus rapides qui se multiplient. La volée, c'est au tennis ce que marquer un but est au football.

Enfin, s'il est un domaine du jeu de tennis dans lequel la volée fait toute la différence, c'est le double : elle y est tout simplement doublement importante...

LA DEMI-VOLÉE

En fait, la demi-volée, c'est d'abord un coup à éviter. L'idéal serait de ne pas avoir à en faire, c'est-à-dire de parvenir assez rapidement au filet pour jouer une « vraie » volée. Pourtant, les joueurs actuels utilisent de plus en plus ce coup à mi-chemin entre une volée et un coup de fond de court : John McEnroe en abuse même, du fond du court précisément !

Ce recours à un coup relativement délicat a une raison : les joueurs sont surpris et même « pris » sur le chemin du filet par des retours et des passing-shots liftés plus fréquents et plus efficaces qu'autrefois.

L'essentiel est de très tôt décider que vous ne pouvez ni laisser rebondir la balle et la laisser remonter ni la prendre de volée. La technique, démontrée ici par Boris Becker, en coup droit, et Stefan Edberg, en revers, est ensuite la même des deux côtés : orientation du déplacement sur le côté, fléchissement des jambes, position presque horizontale de la raquette pour porter la balle vers l'avant.

Il s'agit, en somme, d'effectuer un « petit » coup droit (ou revers) avec peu de préparation et peu d'accompagnement, à peine recouvert. Le joueur doit tenter d'atteindre un plan de frappe légèrement en avant de lui, comme pour une volée, mais la plupart du temps, surpris, il devra se contenter de jouer à la hauteur d'un coup classique.

Ivan Lendl dans l'exécution des deux types de lob : ci-dessus, le lob de défense, vraisemblablement très haut, dont il suit la trajectoire des yeux, et, page de droite, le lob lifté, devenu une arme d'attaque dans le tennis moderne. De cette position, il pourrait tout aussi bien effectuer un passing-shot et il a donc toutes les chances de surprendre son adversaire, surtout si celui-ci est vraiment avancé au filet.

LE LOB

Si le lob est un des coups les plus importants du jeu de défense, car dans certains cas il est absolument impossible de faire autre chose, le tennis moderne lui donne de plus en plus de place. Par exemple, le lob lifté autrefois réalisé seulement par quelques joueurs comme Manolo Santana ou, plus tard, Ilie Nastase est maintenant à la portée de tous les joueurs qui, pratiquant bien le lift en coup droit comme en revers, n'ont plus beaucoup de problèmes pour l'appliquer au lob. A partir de cette donnée et compte tenu de la difficulté qu'il y a à passer un joueur ayant réalisé une bonne attaque, dans bien des cas, le lob lifté devient lui-même un coup d'attaque fabuleusement rapide et efficace, et les joueurs modernes l'utilisent de plus en plus fréquemment.

Dans les années disons 50, le lob avait la réputation d'appartenir au « petit jeu ». Effectivement, si l'on imagine deux joueurs quasi débutants se renvoyant des lobs du fond du court, on ne peut vraiment pas parler de grand tennis... Mais le lob a une autre

Sur une attaque de son adversaire, Martina Navratilova a visiblement mis toute son énergie pour aller chercher la balle et effectuer un lob de défense qui, peut-être, la remettra en course dans un échange mal engagé pour elle.

Les joueurs à deux mains choisissent souvent de jouer à une seule main leurs lobs de défense, mais, à l'image de Mats Wilander, ils possèdent aussi de redoutables lobs liftés.

noblesse, celle d'être un coup qui, de défense ou d'attaque, permet de reprendre ensuite l'échange à zéro. Sur certaines des photos choisies, Martina Navratilova et Ivan Lendl effectuent des lobs très hauts sur lesquels leur adversaire aura peut-être du mal à terminer le point et qui ont donc des chances de les remettre en selle dans l'échange.

Le lob lifté peut ainsi devenir un véritable passing-shot car il est effectué dans une position où vous pouvez précisément réaliser un passing rapide à droite ou à gauche. Enfin, en double, on peut dire que le lob est un coup que les bonnes équipes utilisent et que les mauvaises oublient trop souvent. Là aussi, en attaque lorsque vous êtes en position de frapper fort sur une équipe installée au filet et que vous pouvez les surprendre par un lob et même directement marquer le point, ou encore en défense lorsque, expédiés par des joueurs bien « installés » derrière la ligne de fond, des lobs très hauts peuvent gêner même les meilleurs smasheurs.

Le démarrage vers l'arrière est le cas le plus fréquent pour exécuter un smash.
Cette très belle attitude de Yannick Noah montre bien la combinaison du déséquilibre arrière
et de l'amorce de la préparation. Notez la puissance et le travail de la jambe droite
qui sera la jambe d'appel s'il doit y avoir saut.

LE SMASH

L'attitude d'Ivan Lendl est assez proche de celle de Noah, encore qu'il n'ait pas entamé sa préparation. Il est donc quelque peu en retard sur ce point précis de la préparation.

Le smash est évidemment le coup qui fait rêver le joueur moyen, et encore plus le débutant, celui aussi qui fait plaisir au champion, celui pour lequel Yannick Noah veut sauter encore plus haut. Après tout, il n'est pas interdit de jouer et de se faire plaisir, on devrait plus souvent penser à cette idée... Vous avez déjà vu un rugbyman plonger pour marquer un essai ? Parfois le plongeon n'est pas absolument nécessaire, mais le joueur le fait parce qu'il est heureux. Yannick Noah effectue parfois ainsi un smash en ciseau alors qu'il pourrait s'en passer et c'est pour la joie de se défouler. Mais il arrive aussi que le rugbyman doive vraiment plonger, faute de quoi il ne marque pas, et c'est la même chose pour le smasheur obligé de sauter et de se lancer au maximum, sans quoi il n'atteint pas la balle...

Yannick Noah effectue ici un smash en double appui. A remarquer la position exemplaire, en fin de préparation, du coude et de la raquette. La main gauche amorce sa descente tandis que la boucle de frappe va débuter.

*L'attitude de Martina Navratilova à la frappe est superbe. La jambe d'appel, la gauche,
l'a propulsée vers le haut et vers l'arrière. Pendant ce saut, une amorce de profil et une rotation bien
coordonnée la replacent parfaitement face au jeu. La réception se fera sur la jambe droite.*

Il aurait été étonnant que John McEnroe ne soit pas également à l'aise en volée haute de revers. Ici, en sérieuse difficulté, il a pris appel avec sa jambe gauche et se réceptionnera, après la frappe, sur la jambe droite. Notez le rôle que joue la main droite dans l'équilibre du geste.

Yannick Noah s'est élevé dans une détente verticale dont il est tout à fait capable pour un smash classique ou un smash de revers. Il est aussi assez bien armé du côté puissance de l'avant-bras et du poignet pour donner de la puissance à ce genre de coup joué dans des conditions à la fois délicates et spectaculaires.

LE SMASH
DE REVERS

Autrefois, lorsqu'un joueur parvenait à jouer avec sa volée de revers une balle très haute, on parlait d'une volée haute de revers, et il faut bien dire qu'il s'agissait d'une simple remise en jeu. Aujourd'hui, beaucoup de grands joueurs, et quelques-unes des grandes joueuses, sont capables de frapper fort en revers dans la balle lorsqu'elle est haute et difficile. Et c'est pourquoi je préfère utiliser le mot smash de revers. C'est un coup un peu symétrique du smash classique et qui réclame non seulement de la coordination mais encore une musculature très solide de l'épaule, de l'avant-bras et du poignet. En fait, comme le smash d'ailleurs, ce coup particulier ne réclame pas forcément d'être aussi un très bon volleyeur : ainsi, Guillermo Vilas possédait un remarquable smash de revers. Tout simplement parce que la volée réclame d'autres qualités : coup d'œil, lecture rapide de la trajectoire, sens de l'anticipation et du plongeon.

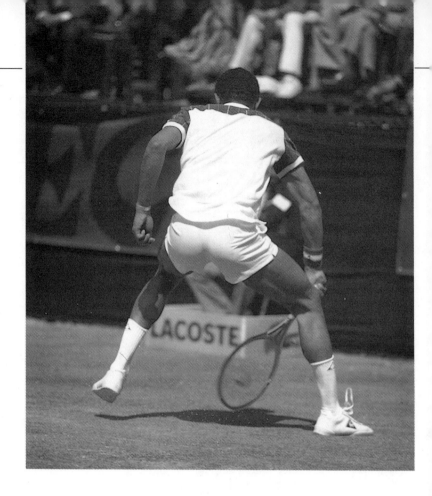

Un coup nouveau

Un coup nouveau est apparu dans le tennis, le retourné entre les jambes. C'est, à vrai dire, plus un coup de spectacle, d'amusement, qu'une technique à retenir ou à imiter.

Toujours est-il que Yannick Noah l'effectue maintenant assez souvent. Il lui est arrivé, en quelques occasions, de surprendre son adversaire. Mais ce n'est certainement pas un coup aussi efficace que peut l'être un retourné classique.

Cela dit, dans le « tennis-business » d'aujourd'hui, certains jeux sont si lassants que ce n'est sûrement pas une mauvaise chose d'introduire un peu de fantaisie. Yannick montre au moins qu'il continue à s'amuser sur un court, chose que votre désir de progresser et votre volonté d'obtenir des résultats ne doivent pas vous faire perdre de vue et encore moins oublier.

Techniquement, ce retourné entre les jambes s'effectue avec une prise de revers et au moyen d'un violent coup de poignet. Vous pouvez toujours essayer...

Remporter Wimbledon
à moins de dix-huit ans, comme l'a fait
Boris Becker en 1985, cela vaut bien
de lever les bras vers le ciel.

Yannick Noah à genoux sur le
central de Roland-Garros : pour un joueur
français, gagner à Paris,
c'est le bonheur suprême.

Jimmy Connors hurle sa volonté de vaincre,
et se transcende de cette façon. Mieux vaut
que les manifestations de joie, de hargne, de
détresse, même violentes, soient de courte
durée : le joueur doit le plus vite possible
penser à remporter le point suivant.

AVANT, PENDANT, APRÈS...

Quelques secondes avant une grande finale, Chris Evert-Lloyd et Martina Navratilova conservent leur charme, leur sourire et leur concentration. Le respect de l'adversaire demeure essentiel : après une superbe finale (Roland-Garros 1985), cette accolade est un geste sportif merveilleux.

Ces photos, d'abord et tout simplement, me plaisent. Mais elles n'ont sûrement pas la prétention de vous enseigner le comportement que vous devez avoir sur le court. Il est nécessaire qu'un joueur puisse à la fois s'analyser pendant le match et laisser libre cours, sans dépasser certaines limites et en respectant le règlement, à sa propre nature. Ces images bien connues vous montrent les champions dans des moments particulièrement intenses qui leur sont évidemment « réservés ». Nous verrons plus loin dans le livre que la concentration, la motivation, la recherche du résultat, l'analyse des forces et des faiblesses sont, au contraire, des notions qui doivent être communes à tous les joueurs. Se pousser, se stimuler, s'encourager comme le fait Jimmy Connors, cela n'a rien que de très normal, mais les joueurs sentent bien qu'il ne doit en aucun cas exister de comédie, de cabotinage, de provocation, ce qui n'est pas toujours le cas... Il n'y a pas, cela dit, de honte à montrer sa joie d'avoir gagné : c'est même une marque de respect pour l'adversaire.

LA TACTIQUE DES COUPS ET DES PHASES DE JEU

*Björn Borg, ou l'art d'utiliser avec la plus grande efficacité possible
ses meilleurs coups. Ici, après avoir tourné très nettement
son revers, il effectue une attaque décroisée en débordement,
pour laquelle il a frappé violemment son coup droit.*

UN TENNIS « GÉOMÉTRIQUE »

Une bonne tactique est bien sûr tributaire d'une technique correcte qui, seule, vous permet d'exploiter vos connaissances et d'imposer votre volonté. Elle est, en fait, *la combinaison de vos automatismes techniques, de votre intelligence de jeu, de l'efficacité de ce jeu, et enfin de votre motivation.*

Les automatismes

Faire le bon choix tactique, cela suppose de posséder déjà, dans votre jeu, les automatismes qui rendent celui-ci possible à tout moment. Automatismes qui se sont parfois développés instinctivement, mais qui, plus généralement, résultent du travail sur le court et de l'entraînement.

Le « tacticien » connaît donc les meilleures zones de jeu pour placer tel ou tel coup qu'il est évidemment capable d'exécuter techniquement. On aboutit ainsi à un *tennis « géométrique »*, dicté tout simplement par la forme et les dimensions du court, et que nous analyserons, dans les pages qui suivent, à l'aide de croquis.

Il nous semble logique de procéder dans cet ordre : en effet, quelle que soit sa tactique globale, à long terme pourrait-on dire, le joueur doit d'abord, à court terme en somme, tendre toute sa volonté vers la réussite de chacun de ses coups de raquette.

L'intelligence de jeu

S'adapter à une surface particulière, à des conditions nouvelles, c'est faire appel à des facteurs de réussite qui, en fait, interviennent dans tous les domaines du jeu : la personnalité du joueur, sa réflexion, son intelligence, qualités qui, jusque-là, semblaient « ligotées » par des règles que l'on ne peut ni transgresser ni renier.

Il arrive un moment où un joueur doit, en une fraction de seconde, décider et agir, un moment où personne ne peut plus l'aider. « Dois-je jouer une volée longue et à contre-pied ou, au contraire, une volée courte et gagnante ? » « Puis-je vraiment réussir l'une et l'autre de l'endroit où je me trouve ? » C'est précisément là que la personnalité et l'intelligence de chacun s'expriment à travers les solutions adoptées, là où, les nuances pouvant s'ajouter aux nuances, mille manières de s'exprimer s'offrent à l'inspiration et à la réflexion.

L'apprentissage strict des zones de jeu ne vise pas, pas du tout, à brider la personnalité du joueur. Au contraire, on doit toujours souhaiter l'éclosion de joueurs à forte personnalité. Celle-ci s'épanouit d'autant mieux que les problèmes « mineurs » ont trouvé leurs solutions dans des automatismes bien établis et intégrés au jeu.

N'oubliez pas, non plus, que la connaissance et la maîtrise de l'adversaire passent d'abord, et inévitablement, par *la connaissance et la maîtrise de soi-même.*

L'efficacité

Un bon choix tactique est le fruit de principes simples, de connaissances rigoureuses. Il se fonde sur des schémas clairs. Et, c'est le dernier point mais pas le moindre, on n'y parvient qu'après des heures d'entraînement.

L'ensemble conduit le joueur à ce fameux *tennis-pourcentage,* si bien illustré par les champions, qu'il s'agisse de Ken Rosewall et John Newcombe par exemple, ou, plus récemment, de Björn Borg et de John McEnroe, pour n'en citer que quelques-uns.

Sur les croquis que vous trouverez dans les pages suivantes, les zones conseillées sont assez étendues pour que chacun puisse trouver une possibilité tenant compte d'abord de lui-même, ensuite de son adversaire, en somme des forces et des faiblesses en présence. Exemple : un passing-shot peut être frappé violemment 50 cm à l'intérieur des lignes si vous êtes très précis, ou plutôt 1,50 m si vous l'êtes moins, ou si votre adversaire se trouve assez loin du filet ou encore s'il s'est révélé être un volleyeur moyen.

Cette recherche du tennis-pourcentage vous permet, à condition d'être honnête avec vous-même, de mieux vous connaître en vérifiant votre marge d'erreur et en tenant une sorte de *comptabilité instinctive.* Elle vous permet surtout de progresser si vous n'hésitez pas, à l'entraînement, à tenter des coups plus précis, plus proches des endroits difficiles de la zone, ou, au contraire plus « intérieurs » dans la zone. Dans le second cas, votre adversaire aura, bien sûr, plus de chances d'atteindre la balle, mais vous-même aurez moins de risques de la manquer. Cette incessante remise en question, dirigée vers une recherche du plus efficace, vous amènera à des progrès rapides, et vous aidera, le jour du match, à adapter votre jeu au mieux de vos intérêts.

La motivation

Ces zones de jeu, délimitées et expliquées dans les croquis du livre, doivent devenir des images présentes à votre esprit à chaque coup de raquette. Elles doivent décupler vos forces mentales, tant il est vrai que *la technique n'est faite que pour obéir à la tactique.*

En compétition, c'est en jugeant si vous avez été trop modeste ou trop présomptueux, en vous demandant, après un simple coup de raquette, si vous avez mésestimé ou par trop grandi les qualités de l'adversaire, que vous apprendrez à « matcher ».

Le match, qui commence contre vous-même mais se joue bien évidemment contre un adversaire, réclame toujours, en plus de la dépense physique, une dépense au moins aussi importante sur le plan du *mental* et de la *réflexion.*

LE JEU ET LES SURFACES

L'herbe (ici le central de Wimbledon) : la surface de prédilection des grands attaquants est en régression dans le monde.

On ne joue pas de la même façon sur toutes les surfaces, c'est une évidence connue de tous depuis que la télévision diffuse régulièrement les grands tournois disputés ailleurs que sur la terre battue.

La différence fondamentale entre les surfaces rapides et celles qui sont plus lentes vient du fait que, sur ces dernières, tout commence, la plupart du temps, par un « round d'observation », l'échange de fond de court. S'il est souvent nécessaire, il prend aux yeux d'une majorité de joueurs une importance excessive, voire exclusive.

LE JEU ET LES SURFACES

Le bois n'est plus utilisé dans le monde du tennis et le parquet
brillant d'Asuncion (Paraguay) est une sorte de curiosité historique.

Trop peu de joueurs sont en effet capables, sur terre battue, de faire comme John McEnroe du jeu service-volée et retour-volée une des bases de leur tactique. John McEnroe, précisément, à prouvé qu'en suivant systématiquement son service – exceptionnel il est vrai –, on pouvait devenir numéro un mondial. Et à Roland-Garros même, le temple de la terre battue, le Paraguayen Victor Pecci avait, lui aussi, montré qu'en se « jetant » au filet avec constance, il était possible de parvenir en finale (c'était en 1979) et d'y inquiéter Björn Borg en personne. Quant à Yannick Noah, chacun sait qu'en prenant d'assaut le filet à chaque occasion il a triomphé (en 1983) sur le court qui, les années précédentes, avait consacré les Borg, Vilas ou autres Wilander, tous redoutables renvoyeurs.

J'aime encourager les joueurs, tous les joueurs, à attaquer, je ne le cache évidemment pas. Mais je souhaite aussi leur indiquer les moyens de prendre le filet dans de bonnes conditions. Je ne veux, en aucun cas, les envoyer au « suicide ». Et j'admets d'ailleurs tout à fait que certains joueurs de terre battue passent plus souvent que d'autres par l'intermédiaire de l'échange pour bâtir l'attaque, préparer le point et aussi faire commettre des fautes à l'adversaire. Même les plus grands volleyeurs doivent pouvoir tenir un échange du fond du court : les joueurs que j'ai cités, et bien d'autres avec eux, en sont capables.

En fait, *le joueur de tennis se trouve à tout moment devant un choix lorsqu'il joue un coup.* Un choix qui doit être prompt et qui doit respecter les zones de jeu. Il en est de même pour l'orientation générale de l'échange : le point s'engage d'une manière différente sur les surfaces lentes et sur les surfaces plus rapides.

Le choix du jeu est beaucoup plus vaste, les possibilités tactiques bien plus nombreuses, sur la « bonne vieille » terre battue européenne. Cela dit, à chaque surface correspond une tactique spécifique qu'il est important de connaître et d'intégrer à son propre jeu. D'autant plus qu'à tous les niveaux la terre battue perd, et continuera à perdre, de son importance relative, l'avenir se situant de toute évidence du côté des surfaces moyennement rapides, celles qui donnent leurs chances à tous les types de joueurs et garantissent en même temps le spectacle.

LES SURFACES RAPIDES

L'herbe, le bois, les ciments et les courts synthétiques rapides sont à classer parmi les surfaces qui réclament une adaptation importante du jeu.

L'*herbe* a été aux origines du jeu de tennis et a conservé tout son prestige au plus haut niveau grâce au tournoi de Wimbledon. Il y a cependant peu de chances que vous, lecteurs, vous jouiez un jour sur ce fameux gazon : même en Grande-Bretagne et en Australie, il est plus ou moins en voie de disparition.

La *moquette,* relativement répandue en courts couverts, réclame des choix tactiques voisins du jeu sur herbe, notamment lorsqu'elle est plutôt épaisse et accentue encore le rebond bas. Elle présente même un avantage par rapport au gazon : elle ignore les faux rebonds. Le *gazon synthétique*, lui aussi en voie de développement, obéit aux mêmes caractéristiques.

Le *ciment,* même s'il se révèle éprouvant pour certaines musculatures, notamment au niveau des articulations, semble être la surface de l'avenir, car il permet un jeu qui n'est ni trop rapide ni trop lent, un rebond régulier, et il est bien sûr praticable toute l'année, dehors comme dedans. La même notion d'équilibre entre les jeux offensifs et ceux qui le sont moins se retrouve dans les « *tapis* » *synthétiques* utilisés pour la haute compétition, comme le Supreme Court par exemple.

Très en vogue pour toutes les compétitions d'hiver jusqu'aux années 60, le *bois* est une surface de moins en moins utilisée dans le monde. L'extrême rapidité du parquet interdit pratiquement en effet toute possibilité d'échange et réduit par trop le spectacle.

A des degrés divers, ces surfaces et leurs caractéristiques conduisent à des choix tactiques tout à fait précis.

● *Le serveur a le choix entre deux conduites :*

● Il suit tous ses services à la volée, mais il peut aussi, à la rigueur, monter en deux temps.
● Il sert et reste au fond dans un premier temps. C'est en général la méthode choisie ces dernières années par des joueurs comme Ivan Lendl ou Mats Wilander, qui empruntent eux-mêmes la voie tracée par Björn Borg ou Jimmy Connors. Ne suivant pas, loin de là, tous leurs services au filet, ils sont contraints d'accepter l'échange. Il leur est alors vraiment indispensable de posséder une grande vitesse de déplacement, le jeu de fond de court devenant alors très rapide. C'est le cas pour Mats Wilander, ce l'est un peu moins pour Ivan Lendl qui compense une certaine faiblesse en déplacement et surtout en replacement par des coups très appuyés.

● *Le retourneur dispose, lui, de trois possibilités :*

● Il retourne avec sécurité dans les pieds du serveur, puis il défend ou, éventuellement, contre-attaque avec un passing-shot ou un lob.
● Il tente des retours gagnants (ou qui veulent l'être). C'est souvent cette faculté de réussir des « winners », comme disent les Anglo-Saxons, qui fait la différence au plus haut niveau.
● Il contre-attaque en tentant de ravir le filet au serveur. Lorsque vous êtes au service, n'abusez pas de la montée en deux temps : vous pouvez, exceptionnellement, l'utiliser face à un adversaire

A l'image du Supreme Court posé au Madison
Square Garden pour le Masters, les tapis synthétiques
sont prisés par la plupart des joueurs.

qui posséderait un très bon retour court et qui, ainsi vous obligerait presque systématiquement à une demi-volée.

Au contraire, lorsque vous retournez, je vous conseille d'alterner les trois tactiques suggérées, en accordant la préférence à celle qui vous convient le mieux ou qui gêne le plus votre adversaire.

LES SURFACES LENTES

La terre battue, certains ciments et certains courts synthétiques font partie des surfaces dites lentes.

La **terre battue** est, comme l'herbe, en régression. Parce qu'elle ne permet pas de jouer toute l'année. En couvert, elle est très difficile à entretenir et devient rapidement cimenteuse. Mais elle demeure une merveilleuse surface pour le jeu lorsque les courts sont remarquablement préparés, comme à Roland-Garros, et l'on peut penser que la tradition du tennis n'est pas près de

Comme celui de Flushing Meadow, le ciment équilibre les chances des attaquants

l'abandonner. Elle demeure utilisable plus longtemps que l'herbe, à la fois dans une saison et dans une journée.

Le *ciment*, dont le degré de rapidité est variable, est sûrement, nous l'avons dit, la surface de l'avenir. Ses atouts : l'absence quasi totale de faux rebonds et la possibilité de jouer toute l'année, dedans comme dehors.

Comme le ciment, les *surfaces synthétiques* peuvent être relative-

*et celles des défenseurs. Il est considéré
comme la surface de l'avenir.*

ment lentes et, dans ce cas, les tactiques à employer sont voisines
de celles que l'on recommande pour la terre battue.

● *Le serveur a, là encore, le choix entre deux tactiques :*

Mais la seconde est bien moins utilisée que la première et n'est
le fait, au plus haut niveau, que de certains grands attaquants :

- Il sert et accepte l'échange avec l'intention de le diriger et d'en tirer avantage.
- Il suit son service au filet.

- *Le retourneur dispose, notamment sur terre battue, d'un éventail assez large :*

- Il retourne et accepte l'échange. C'est la solution la plus classique.
- Il attaque sur le retour de service, spécialement s'il s'agit d'une seconde balle, et il monte au filet.
- Il retourne avec sécurité dans les pieds du serveur qui a suivi au filet, puis il défend ou, éventuellement, contre-attaque (passing-shots, lobs, etc.).
- Il tente carrément le retour gagnant si le serveur est monté directement au filet ou si, resté au fond, il a mal servi.
- Il contre-attaque pour ravir le filet au serveur qui, lui, est monté pour le prendre. Très fréquente en double, lorsque celui-ci est bien joué, cette démarche l'est beaucoup moins en simple.

Je vous conseille d'entamer vos échanges en alternant ces diverses tactiques. Si vous n'êtes pas naturellement volleyeur, obligez-vous à monter au filet, d'abord à l'entraînement et ensuite en match, sur votre service et même sur votre retour. Vous progresserez rapidement à la volée, surtout si vous en respectez les principes tactiques, et vous pourrez donc vous présenter de plus en plus souvent au filet. Notamment sur les points importants où cette tactique est des plus payantes.

En retour de service, ne négligez jamais d'attaquer franchement une mauvaise deuxième balle. Décidez à l'avance le retour que vous allez effectuer... quitte à changer de dessein si cela s'impose.

- *Sur toutes les surfaces, recherchez avant tout l'efficacité*

Rigueur dans l'exécution de ses meilleurs tactiques, possibilité de les varier plus ou moins pour empêcher l'adversaire de s'y habituer, voilà ce qui fait la qualité – et l'efficacité – d'un joueur.

N'oubliez pas que le court est un rectangle et qu'à chaque coup doit correspondre une tactique précise : c'est *le jeu des zones* que nous allons détailler.

La terre battue (ici le central de Roland-Garros) : de plus en plus délaissée, même en Europe, elle garde une place à part dans l'histoire du tennis.

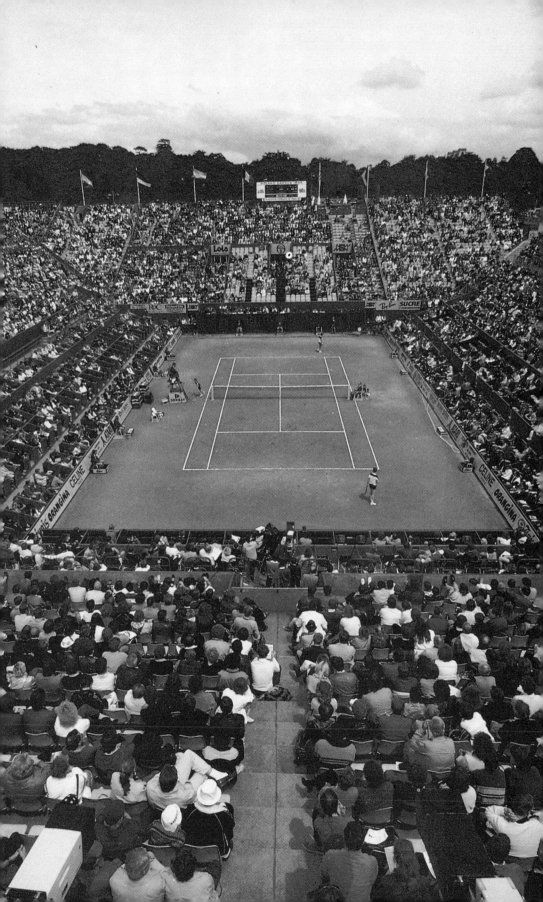

*Sur terre battue, une « première-deuxième »
suffisait souvent à Björn Borg pour entamer
l'échange dans de bonnes conditions.*

LE SERVICE

« Le coup le plus important du tennis, c'est la seconde balle de service », dit volontiers Jack Kramer qui fut le meilleur joueur mondial immédiatement après la guerre avant d'être le créateur du tennis professionnel moderne. Rejoignant son point de vue, j'aurais aimé commencer ce chapitre consacré à la tactique au « coup par coup » par la deuxième balle. Mais l'ordre chronologique du jeu impose de démarrer avec la première balle.

La qualité première d'un bon service, c'est *un placement de la balle suffisamment varié* pour dérouter l'adversaire, le surprendre, l'empêcher d'anticiper à tout coup.

La qualité de la frappe – à plat ou avec un effet – est tout aussi importante.

L'intensité de la frappe permet de déterminer un pourcentage de réussite dont le joueur doit tenir compte.

Pensez aussi à détecter le ou les services qui gênent le plus votre adversaire... et mettez en application les résultats de votre analyse, sans pour autant abandonner toute variété : votre adversaire pourrait alors se « régler ».

Enfin, décidez, avant de servir, de l'endroit où vous voulez placer votre balle et du type de service que vous allez exécuter. Et même du type d'échange que vous allez chercher à mettre « en route »... en restant prêt à parer à un déroulement tout à fait différent de celui que vous aviez imaginé.

La première balle de service

● *Si vous servez à plat, visez les coins ou jouez sur l'adversaire*

Lorsque vous frappez en force, à plat ou presque à plat, et si vous passez toujours votre première balle, c'est que vous pouvez frapper plus fort. Prenez donc l'habitude de calculer approximativement votre réussite pour établir un pourcentage.

Si, en frappant complètement à plat, vous ne réussissez qu'une petite fois sur dix, vous serez sans doute obligé d'imprégner un peu d'effet à votre service pour parvenir à une moyenne de cinq ou six sur dix.

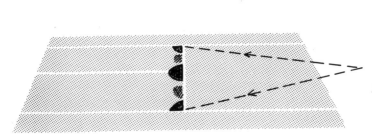

Les quatres coins à rechercher : ceux des carrés de service (zones en noir). Vous pouvez aussi jouer plus directement sur l'adversaire (zones hachurées).

A l'entraînement, pour améliorer votre technique, vous pourrez rechercher un pourcentage supérieur qui vous permettra une meilleure maîtrise gestuelle. A l'inverse, vous pourrez prendre un peu plus de risques dans le placement ou la puissance, ce qui peut diminuer, pour un temps, votre réussite dans de notables proportions.

Attention, même à l'entraînement, ne laissez jamais votre pourcentage descendre en dessous de quatre sur dix. Et n'oubliez pas que le service est, par excellence, le coup que vous pouvez améliorer seul : on ne le travaille jamais assez.

● *Pour déborder ou déporter, utilisez les effets*

Il existe deux sortes d'effet : le slice et le lift. *Le slice* est le meilleur service pour « pousser » l'adversaire hors du terrain. Les gauchers l'emploient à merveille contre les droitiers, et inversement. Ce service tombe sur le revers adverse. Même délivré par un droitier contre un droitier, c'est une arme à développer. Il faut, pour que

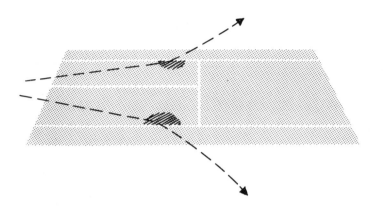

Proches des lignes de côté, les zones sont difficiles à atteindre. Mais si vous y parvenez, votre adversaire se retrouve « hors court ».

le slice joue vraiment son rôle, servir très près de la ligne de côté et un peu plus court.

Le lift, qu'il soit utilisé en première balle ou en seconde, a un objectif précis : déporter l'adversaire sur sa gauche. Sur terre battue par exemple, son avantage est de produire un rebond haut qui rend le contrôle difficile. Ce service lifté ouvre parfaitement le jeu à toutes les tactiques de l'échange et de l'attaque.

• *Pour varier, pensez aux effets rentrants*

En première balle, l'effet peut être choisi également pour gêner l'adversaire en servant une balle qui, après le rebond, se rapproche encore plus de lui que la trajectoire initiale ne le laisserait supposer.

Par exemple, un droitier servira slicé sur un gaucher, du côté du coup droit : la balle posera bien des problèmes à celui-ci.

Le lift permet de viser le même but, à savoir rendre malaisé un dégagement rapide par rapport à la balle, pourtant indispensable pour réussir un retour correct. Il est particulièrement efficace pour un gaucher servant sur un droitier ou, à l'inverse, pour un droitier servant sur un gaucher.

• *Servez souvent une « première-deuxième »*

Cette tactique consiste à servir, en premier, une deuxième balle très améliorée. Elle est tout à fait indiquée pour les joueurs qui possèdent une médiocre seconde balle, trop courte par exemple.

Elle permet de mettre au point ce qui, par la suite, deviendra une vraie deuxième balle de service. Et d'éviter le pire en risquant de manquer la première. Autre avantage possible : le retourneur, qui se tient généralement plus loin sur la première balle du serveur, éprouvera peut-être du mal à s'avancer suffisamment sur une balle quand même moins longue que dans le cas d'un premier service réussi.

La deuxième balle de service

• *Servez long*

Sur un court de tennis, on joue, en moyenne, la moitié des points en entamant l'échange avec une deuxième balle de service. C'est bien pourquoi ce second service constitue l'un des coups les plus importants du tennis moderne, sinon le plus important.

Deux points essentiels à respecter : servir long et mettre de l'effet dans la balle pour empêcher l'adversaire de prendre l'initiative. Attention, l'effet ne doit pas être imprégné au détriment de la puissance de frappe, mais, au contraire, se combiner avec elle.

• *Servez le revers*

La majorité des serveurs a pris la (bonne) habitude de diriger plutôt la deuxième balle sur le revers adverse. La raison de cette préférence – à imiter par tous – est simple : il est plus difficile de retourner une balle haute en revers qu'en coup droit. Souvent liftées, en tout cas par les bons joueurs, les secondes balles rebondissent en général assez haut.

Mais il ne s'agit pas d'une exclusive, même si le revers est visé dans la proportion de sept balles sur dix : vous devez rester capable de varier. En début de match, par exemple, cherchez à savoir si votre adversaire n'apparaît pas plus gêné lorsque vous servez sur son coup droit.

Quant au service sur le joueur, je ne le conseille pas particulièrement pour un second service. La balle arrivant moins vite par définition, l'adversaire dispose de plus de temps pour se placer et a de bonnes chances de la jouer dans une position relativement aisée. Ce type de service demeure cependant une possibilité supplémentaire, une variante, sur surface rapide, au moins pour les grands serveurs.

• *Apprenez à suivre votre second service au filet*

Sur les surfaces rapides, le joueur suit ses deux services au filet, c'est le principe de base, sinon la règle.

Sur les surfaces, plus lentes, certains joueurs ne montent au filet que de temps en temps sur leur première balle. D'une part, j'estime qu'ils ne pratiquent pas assez le jeu service-volée et, d'autre part, je pense que, sur ces surfaces, ils devraient oser plus et suivre de temps en temps leur second service au filet. Cette tactique est trop peu employée, et je n'hésite pas à vous y encourager, plus particulièrement sur les points importants ou, en fin de match, en tout cas lorsque vous aurez découvert quel type de service gêne le plus votre adversaire.

Il n'est bien sûr pas question d'ériger cette tactique en système de jeu, mais il est vrai qu'elle est trop délaissée à tous les niveaux de la compétition. Elle peut pourtant vous apporter nombre de satisfactions une fois que vous l'aurez assimilée et n'hésiterez plus à y avoir recours.

La seconde balle de service de Stefan Edberg est considérée comme l'une des meilleures du monde. Il n'hésite pas à la suivre au filet très souvent.

Boris Becker montre tout l'intérêt d'une grande vitesse de bras pour retourner, ce qui lui permet parfois d'effectuer un geste relativement ample, même sur des balles difficiles.

LE RETOUR DE SERVICE

Pour être efficace, un retour de service doit obéir à trois règles majeures. La plus ou moins grande qualité du service facile rend évidemment le respect de ces principes plus ou moins aisé :

- *Ne ratez pas le retour*

Cela semble une lapalissade, mais un tennis-pourcentage bien compris et assimilé ne supporte pas, en dehors de cas exceptionnels (ace, service que vous pouvez seulement toucher), les fautes directes qui « donnent » le point à l'adversaire sans que l'échange ait été entamé, sans qu'il ait eu à tenter un point gagnant.

- *Mettez votre adversaire en difficulté*

Non seulement votre objectif doit être de ne pas commettre de faute directe, mais encore vous devez essayer à tout prix de gêner votre adversaire, notamment en tenant compte des points faibles de son jeu.

- *Prenez l'initiative*

Encore mieux, et cela est possible plus souvent que vous ne le pensez, si vous y êtes vraiment décidé, vous pouvez prendre l'avantage dès le retour de service. Par exemple, en exploitant une médiocre seconde balle de service ou une autre faiblesse manifeste de votre adversaire sur l'un ou l'autre de ses coups.

• *Sur une bonne première balle, retournez au centre*

En retour de service, vous devez absolument décider à l'avance ce que vous allez faire. Quitte à modifier vos prévisions en cours de match, si votre adversaire s'est habitué, s'est « réglé ».

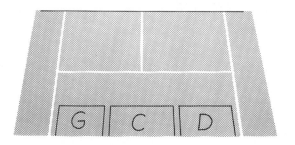

Trois zones – sur le coup droit de votre adversaire, sur son revers, ou plutôt sur lui – entre lesquelles vous devez être capable de varier vos retours.

• *Si votre adversaire choisit de rester au fond,* par exemple sur surface lente, et cela malgré la qualité de sa première balle de service, vous avez intérêt à retourner au centre (en C sur le croquis), en jouant le plus long possible. Tout cela, bien sûr, pour l'empêcher de prendre l'initiative.

Lorsque vous-même serez réglé à retourner la première balle de votre adversaire, vous pourrez choisir plus franchement de lui faire commencer l'échange par un coup droit ou un revers, et vous jouerez alors en G ou D. Mais, attention, pas trop près des lignes de côté.

Vous devez de toute façon être capable de changer de projet. Par exemple, vous avez décidé de renvoyer le service de votre adversaire – il est d'ordinaire plutôt bon — sur son revers, c'est-à-dire en G (dans le cas d'un droitier). Se met-il à servir mieux que d'habitude ? Soyez capable de jouer immédiatement au centre, en C. Par contre, si, tout aussi soudainement, il délivre une mauvaise première balle, réagissez aussitôt en adoptant la tactique « retour sur deuxième balle » et, pour commencer, avancez-vous spontanément d'1 ou 2 mètres.

• *Si votre adversaire suit sa première balle au filet,* sur surface rapide ou même sur terre battue, vous suivrez les mêmes principes, et vous aurez le choix entre les trois zones C G et D. Mais si vous ne tenez pas à « offrir » une volée facile à votre adversaire, votre balle devra tomber bien plus courte afin d'avoir une bonne chance de le gêner.

Les zones conseillées ne se trouvent pas tout à fait à la même hauteur, suivant que votre adversaire a servi au centre

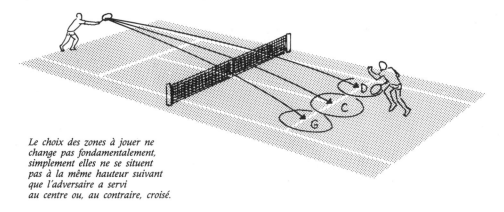

Le choix des zones à jouer ne change pas fondamentalement, simplement elles ne se situent pas à la même hauteur suivant que l'adversaire a servi au centre ou, au contraire, croisé.

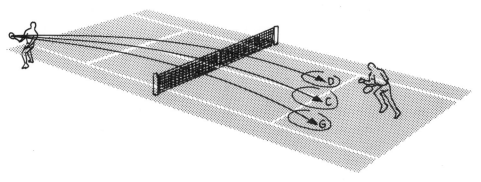

(croquis du haut) ou au contraire croisé (croquis du bas). Dans ce second cas, on le voit, il s'est rendu plus vulnérable à un retour le long de la ligne, mais il est aussi plus difficile de le passer par un retour croisé.

Si la balle de service vous arrive particulièrement vite, ce qui est souvent le cas sur les surfaces rapides, vous pouvez fort bien écourter légèrement votre préparation, pour ne pas prendre la balle trop tardivement, ou encore l'accompagnement du mouvement, pour amorcer au plus tôt votre replacement.

• *Sur le deuxième service, prenez l'initiative*

C'est, à mes yeux, un point fondamental, un schéma tactique essentiel que vous devez intégrer à votre jeu et perfectionner sans relâche.

• *Si l'adversaire reste au fond,* attitude qui est la plus fréquente sur une surface lente, comme la terre battue.

– Avancez-vous vers la ligne de fond, ou, même, entrez dans le court, et, systématiquement, prenez la balle tôt.

– Jouez avec décision la zone que vous avez prévue, cela en respectant les zones de l'échange en général, celles de l'attaque si vous décidez de monter au filet, ou encore celles des coups gagnants, suivant votre choix. Nous allons les détailler dans les pages qui suivent.

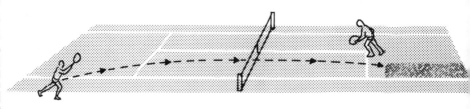

Face à un adversaire qui monte au filet sur sa seconde balle de service, les retours le long de la ligne, surtout s'ils sont d'une bonne longueur, sont recommandés.

• *Si votre adversaire monte au filet,* quelle que soit la surface, recherchez les mêmes zones que s'il s'agissait d'une montée sur premier service. Mais frappez plus franchement, et peut-être plus près des lignes de côté, particulièrement pour le retour le long de la ligne, en coup droit et en revers : comme l'indique le croquis, la zone ouverte devient assez importante et vous pouvez gagner de nombreux points avec ce type de retour appuyé.

Jouez aussi très fréquemment l'une des trois zones indiquées plus tôt (C, G, ou D), mais en raccourcissant sensiblement la trajectoire de votre balle, et en la suivant au filet. Il s'agit alors d'une contre-attaque classique, un peu semblable à la manière dont le jeu s'engage en double où l'objectif premier est précisément la prise du filet.

• *Suivez souvent vos retours de service au filet*

Qu'ils évoluent sur terre battue, sur ciment, sur herbe, voire sur bois, trop peu de joueurs montent au filet derrière leur retour. Et ils ont tort. Parce que, même si votre adversaire se trouve lui-même en train de monter au filet, vous l'obligerez à jouer une volée basse et, en avançant sur lui, vous augmenterez sérieusement ses risques d'erreur en l'obligeant à une volée courte et difficile.

Sur les seconds services adverses sur terre battue, les occasions d'attaquer, en force comme en souplesse, avec une balle frappée tôt après le rebond et plus ou moins coupée, sont innombrables. Soyez à l'affût de ce type d'occasion à ne pas manquer tant le résultat est en général fructueux. Et si vous êtes devenu, toujours sur terre battue, un spécialiste de l'attaque coupée, tentez de temps à autre, disons deux ou trois fois par match, une amortie que vous suivrez au filet.

Cette contre-attaque en retour de service peut tout à fait trouver sa place sur des premiers services faibles ou moyens. Les zones à rechercher sont les mêmes que pour les attaques classiques en cours d'échange ou les volées de préparation.

Martina Navratilova laisse rarement passer l'occasion d'attaquer, en retour, une seconde balle de service, en avançant franchement dans le court. Même sur la terre battue de Roland-Garros, John McEnroe lui aussi, adopte très souvent la même tactique. La preuve que cela est possible...

Chaque fois qu'Ivan Lendl frappe très fort son coup droit, il introduit dans l'échange en cours un changement de rythme dont il a toutes les chances de tirer un avantage sérieux.

L'ÉCHANGE

Ces conseils tactiques consacrés à la conduite – en vue de sa conclusion à votre profit – de l'échange s'appliquent principalement au jeu sur surfaces lentes, et sur cette terre battue qui a (mais nettement moins qu'avant) la faveur des joueurs européens.

L'objectif de l'échange, mené sur une surface donc plutôt lente, c'est de préparer, par la qualité de votre jeu de fond de court et de vos coups, l'ouverture pour monter au filet, en limitant vos risques d'erreur et en augmentant ceux de l'adversaire.

● *Jouez long*

Que vous jouiez droit ou croisé, vous devez être capable de placer la balle dans une zone située deux ou trois mètres avant la ligne de fond de court. Cette longueur de balle, repoussant votre adversaire derrière cette même ligne de fond, l'empêchera de développer son jeu à sa guise.

Ne vous croyez pas obligé de raser le filet : cherchez plutôt à faire passer la balle 50 centimètres ou 1 mètre au-dessus du filet.

Même si c'est pour imiter certains joueurs modernes, n'exagérez pas les effets, mais, bien sûr, utilisez-les pour parvenir à un meilleur contrôle de la balle.

Je conseille à la plupart des joueurs d'adopter et de perfectionner un coup droit plat, ou légèrement lifté, et un revers soit légèrement coupé soit légèrement lifté. Bien sûr, les coups violemment liftés peuvent être utilisés par ceux qui en possèdent bien la technique : Björn Borg et Guillermo Vilas sont, entre autres, de bons exemples pour prouver l'efficacité – mais aussi les limites – de la recherche très accentuée d'un effet.

John McEnroe, qui maîtrise tous les types de revers, privilégie en général dans l'échange sur terre battue le revers coupé. Il le prend très tôt après le rebond, comme le faisait par exemple, dans le passé, Rod Laver, et il sait également introduire dans son jeu des changements de rythme par des revers liftés.

Par contre, l'usage du coup droit coupé doit être exceptionnel dans ce type d'échange.

En résumé, jouer long, c'est viser les zones G, C et D pour empêcher l'adversaire d'être dans les limites du court, et, dans le même temps, jouer en avançant vers le filet.

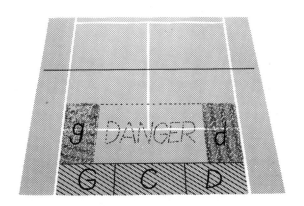

Jouer court et croisé (en G et D), cela peut être payant. Par contre, jouer court et au milieu du court risque de vous placer en position dangereuse : à éviter absolument.

• Faites courir votre adversaire

Si la longueur de balle vous permet de tenir votre adversaire derrière sa ligne de fond, et même de le repousser, les balles courtes croisées ont pour but premier de le déplacer, en somme de le faire courir bien plus que vous, si possible.

Pour y parvenir, vous pouvez accentuer l'effet de votre coup, qu'il soit lifté ou coupé, pour raccourcir votre longueur de balle. Vous pouvez également réaliser ces coups courts et croisés en frappant moins fort dans la balle mais en la prenant très tôt après son rebond. Les zones à jouer figurent en G et D.

• Les balles courtes sont dangereuses

Si votre adversaire se trouve relativement loin de sa ligne de fond, si votre balle ne rebondit pas trop et près des lignes latérales, en G et D, le fait de jouer court et croisé ne vous met pas en situation difficile.

Mais attention, il y a danger si vous jouez court et au milieu du court : si votre adversaire se trouve en position normale, vous avez toutes les chances, si l'on peut dire, d'avoir joué un mauvais coup. Votre adversaire va pouvoir s'avancer pour s'emparer du filet, objectif majeur de l'échange.

● *Recherchez le contre-pied ou jouez sur l'adversaire*

Le bon rythme du replacement est sans doute l'une des choses les plus difficiles à acquérir et à intégrer à son propre jeu. Bien des joueurs éprouvent des difficultés dans ce domaine, sans même parfois s'en rendre tout à fait compte : les démarrages sont sûrement plus fatigants que les courses bien coordonnées, exécutées par ces joueurs qui possèdent un bon coup d'œil et donc réagissent rapidement.

Jouer carrément sur l'adversaire constitue une autre solution tout à fait intéressante. Vous l'obligerez ainsi à reculer pour se placer, ce qui est toujours assez délicat.

Ces deux coups, entre lesquels vous avez le choix, vous avez, de toute façon, intérêt à les utiliser face à un adversaire dont le jeu de jambes est relativement médiocre.

Même sur terre battue, John McEnroe pense d'abord à conquérir le filet. Ce doit être aussi votre attitude.

L'ÉCHANGE

• *Replacez-vous rapidement*

Le replacement, c'est presque toujours ce qui fait la différence :
d'une façon générale, les débutants oublient plus ou moins de se
replacer ; les joueurs moyens le font, eux, mais souvent en perdant
pas mal de temps après avoir frappé la balle. Il convient donc
de prendre comme modèle les champions qui enchaînent leur
replacement immédiatement après avoir frappé la balle.

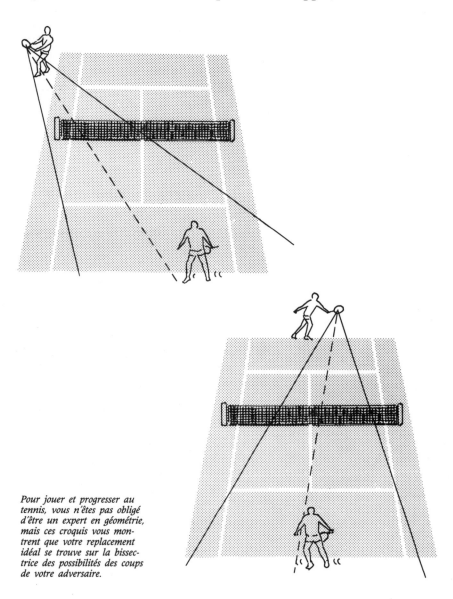

*Pour jouer et progresser au
tennis, vous n'êtes pas obligé
d'être un expert en géométrie,
mais ces croquis vous montrent que votre replacement
idéal se trouve sur la bissec-
trice des possibilités des coups
de votre adversaire.*

• *Vous êtes en difficulté ? Rejouez croisé*

Ce n'est pas un ordre mais, pour le moins, un conseil à suivre si vous avez compris le principe de base du replacement. A savoir : si vous jouez croisé lorsque vous vous trouvez vous-même en difficulté latérale, le replacement que vous aurez à effectuer sera bien plus court.

Donc, dans ce cas, ne rejouez le long de la ligne que si vous sentez votre coup gagnant, ou presque, ou s'il est dirigé vers un coup vraiment faible de l'adversaire, ou encore si vous cherchez ainsi à éviter une arme particulièrement dévastatrice dont il aurait le secret.

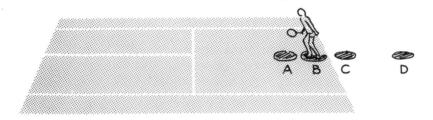

Sauf cas exceptionnels (par exemple en E si vous avez lobé), cherchez toujours à vous replacer près de la ligne de fond (en C) ou même, dès que c'est possible, à l'intérieur du court (en A ou B).

• *Apprenez à vous replacer « avancé »*

La qualité du replacement dépend évidemment du coup que vous avez joué mais aussi des possibilités qui vous sont offertes.

Face à un coup que l'on peut qualifier de « normal », vous pouvez vous considérer comme bien placé si vous êtes en C.

Si vous êtes plutôt en D, vous vous trouvez sûrement trop loin derrière la ligne. Par contre, la position E doit être celle que vous adopterez si vous avez lobé et si, logiquement, vous vous attendez à un smash adverse qui risque de vous mettre en sérieuse difficulté.

Si vous vous replacez nettement devant la ligne de fond de court, c'est-à-dire en A ou B, c'est que vous avez prévu une réplique plutôt courte de votre adversaire. Vous serez donc en bonne position pour prendre la balle beaucoup plus tôt. Un bon exemple de prise précoce de la balle : John McEnroe.

Je vous conseille de faire vôtre cette méthode de placement avancé dans l'échange dont Ken Rosewall fut le précurseur après, je crois, le grand Henri Cochet. Actuellement, McEnroe peut effectivement servir de modèle dans ce domaine. Mats Wilander peut, lui aussi, passer subitement d'un replacement en D ou E à une occupation du terrain en B ou A, et cela pendant que sa propre balle est encore dans le terrain adverse. Boris Becker, comme le montre notre photo, n'a pas oublié de suivre ce bon exemple.

• *Prenez la balle plus tôt*

Vous vous devez, bien sûr, de posséder un bon jeu de jambes. Il vous permet, entre autres, d'éviter de jouer des demi-volées, un coup à proscrire sauf en cas d'extrême urgence. Pour vous, le stade suivant, après l'acquisition de ce jeu de jambes, c'est de bien connaître votre point de frappe idéal après le rebond. Si vous possédez un bon coup d'œil, vous risquez d'être surpris, comme bien des joueurs l'ont été, de constater que vous pouvez prendre la balle bien plus tôt que vous ne le faites d'ordinaire. Pour y parvenir, vous avez tout intérêt à vous habituer à ce replacement avancé qui réclame un bon jeu de jambes et, donc, une bonne condition physique.

• *Changez souvent le rythme*

Vous conseiller de faire le plus souvent possible des changements de rythme, c'est presque résumer tout le tennis...

Ces changements de rythme sont de plusieurs ordres :
– Vous pouvez prendre la balle plus tôt... mais aussi parfois plus tard.
– Vous pouvez frapper plus fort... ou, au contraire ralentir en jouant haut et profond.
– Vous pouvez accentuez les effets donnés à la balle, en les alternant... ou, à l'inverse, ne pas en donner.

Dans un échange sur terre battue, vous devez au moins changer de rythme, quelle que soit la solution choisie, tous les deux ou trois coups.

N'hésitez pas à privilégier vos meilleurs changements de rythme, ceux dont vous avez constaté l'efficacité. Ivan Lendl change très bien le rythme de l'échange lorsqu'il « punche » son fameux coup droit. Mats Wilander aussi lorsqu'il s'avance dans le terrain pour prendre la balle plus tôt, notamment avec son revers à deux mains joué le long de la ligne. Sur terre battue, John McEnroe sait

A imiter, mais avec modération, le violent lift donné à la balle
dans le revers de Guillermo Vilas. Bien maîtrisée,
cette technique permet de parvenir à un bon contrôle de balle.

décocher un revers lifté plus puissant au beau milieu d'une série de revers coupés. Yannick Noah lui-même, pourtant plutôt irrégulier en fond de court, varie bien les effets coupés et liftés. L'important, c'est de surprendre l'adversaire.

Enfin, ne l'oubliez pas, toutes les montées au filet constituent, en elles-mêmes, des changements de cadence.

• *Jouez sur le point faible de votre adversaire*

Bien des joueurs ont des points faibles tout à fait flagrants. N'hésitez pas à en profiter et à les « démolir » littéralement en vous acharnant sur ce point faible. Ce qui ne doit pas vous empêcher de respecter les règles précisées plus haut dans ce chapitre.

Ne tombez pas dans ce travers trop courant d'attendre de votre adversaire que, grâce, si l'on ose dire, à son coup le plus mauvais, il vous « donne » le match. Vous iriez au-devant de certaines désillusions. Ce n'est pas parce que vous jouez sur son point faible que votre adversaire n'est pas capable de renvoyer la balle et de réussir des coups faciles.

N'attendez donc pas trop de cadeaux, et faites plutôt confiance à votre propre jeu. Le meilleur moyen de le « démolir » vraiment, c'est de jouer le point faible de votre adversaire comme s'il s'agissait de l'un de ses coups forts, en un mot, de soigner autant vos approches.

• *Soyez agressif*

Être agressif sur un court de tennis, c'est être prêt à attaquer, prêt à jouer des coups gagnants.

En effet, puisque le but essentiel, et même unique, de l'échange est de préparer l'ouverture pour monter au filet, vous ne devez avoir qu'une seule idée en tête : provoquer et rechercher l'occasion d'attaquer.

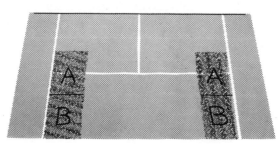

Même si vous parvenez à atteindre les zones qui sont les meilleures pour réussir un coup gagnant (en A ou B, *suivant les situations), n'oubliez pas que vous avez toujours intérêt à suivre votre balle au filet.*

Chaque fois que vous le « sentez », n'hésitez pas à tenter un coup gagnant, notamment si vous êtes avancé par rapport à la ligne de fond et si vous vous trouvez à l'intérieur du court.

Ce croquis indique les zones qui sont, à priori, les meilleures pour des coups gagnants. Vous recherchez les zones A en général avec des coups croisés, les zones B avec des coups croisés, droits ou décroisés.

Joués dans l'une ou l'autre de ces zones, vos coups doivent être suivis au filet... au cas où ils s'avéreraient n'être pas tout à fait gagnants.

Longs, en B donc, ils deviennent en quelque sorte des attaques classiques. Courts, ils doivent être gagnants, ou presque, sous peine de voir l'avantage se retourner contre vous : le défenseur qui arrive à temps sur un coup croisé dispose de bien meilleurs angles pour réussir un passing-shot.

Boris Becker vient d'effectuer, dans une position difficile, un retour de service en coup droit. Il l'a joué en force. En fin de geste, il maîtrise parfaitement son équilibre et il peut amorcer un replacement qui sera d'autant plus agressif que son retour aura fait souffrir son adversaire. Si ce retour a l'efficacité souhaitée, il rentrera à l'intérieur du terrain pour passer à l'offensive. Cet enchaînement parfait entre le retour de service et le replacement dans le cadre d'un jeu agressif se déroule ici sur gazon mais peut parfaitement se concevoir sur des surfaces plus lentes, comme la terre battue.

Toutes les montées derrière des balles courtes, amorties, ou alors un peu plus longues, mais dans ce cas très proches des lignes de côté, réclament, comme ici avec Yannick Noah, un démarrage instantané et une course rapide vers le filet.

LES MONTÉES AU FILET EN COURS D'ÉCHANGE

Il existe quatre façons de monter au filet :

1. en suivant un service ;
2. en suivant un retour de service ;
3. en suivant un coup droit ou un revers en cours d'échange.
4. en partant vers le filet alors que votre adversaire va ou vient tout juste de frapper la balle. Il s'agit alors d'une montée à contretemps.

Les deux premières façons d'attaquer ont été traitées dans les chapitres consacrés respectivement au service et au retour. Voyons donc maintenant l'attaque classique en coup droit et en revers au cours d'un échange.

● *Attaquez long*

Cette zone très vaste indiquée sur le croquis, mais qui est souvent négligée, voire oubliée, par les joueurs, recèle pourtant pratiquement toutes les possibilités d'exécuter toutes les attaques classiques en force (frappées plates ou liftées), ou en vitesse d'exécution (frappées plates ou coupées).

La zone hachurée, tout en évitant de prendre trop de risques, offre de larges possibilités à vos attaques, qu'elles soient jouées plutôt en force ou plutôt en vitesse.

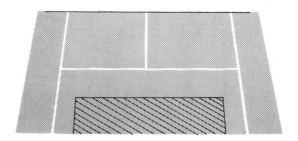

Évitez dans la plupart des cas de jouer près des lignes latérales. Choisissez plutôt, suivant l'opportunité du moment ou les faiblesses de l'adversaire, de réaliser vos attaques :

– à contre-pied ;
– en débordement ;
– en cadrant l'adversaire ;
– au centre du terrain ou près du centre, ce qui a pour effet de fermer les angles ;
– en le déplaçant au maximum ;
– sur son point faible, qu'il s'agisse du coup droit ou du revers, en utilisant l'une des variantes indiquées ci-dessus.

● *Apprenez à attaquer à contretemps*

L'attaque à contretemps est un coup de joueur rapide et opportuniste, capable de juger rapidement que l'occasion est bonne. L'Australien Ken Rosewall en fut le grand maître, et, par exemple, dans les années 70, le Français Georges Goven en avait fait une de ses armes principales. Aujourd'hui, tous les joueurs complets et intelligents l'utilisent.

Il s'agit de partir très vite vers le filet, mais pas en jouant votre coup, en somme pas dans la foulée.
Vous entamez un replacement normal et puis vous démarrez :

1. Soit lorsque votre adversaire a choisi de jouer un coup lent dont il a l'habitude, disons un revers coupé et croisé par exemple. Par définition, sa balle n'ira pas très vite. Et vous pourrez donc en profiter pour partir dès qu'il ne peut plus vous voir, le moment idéal se situant juste avant qu'il touche la balle ;

2. Soit alors que vous devinez votre adversaire en grande difficulté et contraint de jouer son coup en très mauvaise posture. Là, vous

démarrez aussitôt que vous constatez votre adversaire en difficulté, et cela peut se situer un peu avant qu'il ne touche la balle, comme dans le cas précédent, ou bien juste après.

Dans les deux cas, il se peut que vous puissiez jouer immédiatement une volée gagnante, mais il se peut aussi que vous soyez obligé de passer par une volée de préparation. Cette attaque à contretemps est à recommander à tous les joueurs pour développer leur sens de l'opportunité, et leur faculté de démarrage. Qualités auxquelles il faut, bien sûr, ajouter un esprit en éveil permanent...

• *L'attaque sur balle courte*

Attaquer à l'aide d'une balle courte, c'est possible à quelques conditions : que celle-ci soit presque gagnante ou qu'il s'agisse d'une balle coupée à rebond bas, généralement proche des lignes de côté, et cela pour faire courir vers l'avant un joueur qui a tendance à se déplacer plutôt mal dans ce sens ou à éprouver des difficultés sur les balles basses.

Cette attaque peut s'effectuer également au centre, mais, dans ce cas, elle est plutôt réservée aux courts à faible rebond, tels que le gazon.

• *La montée sur lob ou demi-lob*

Sur un lob d'attaque, ou sur un lob qui correspond à une sorte de passing-shot, vous pouvez sans doute partir en même temps que votre coup. Mais vous avez peut-être intérêt à marquer un temps pour faire croire à votre adversaire que vous avez choisi de rester au fond. Il n'est sans doute pas utile de préciser que votre démarrage doit être particulièrement rapide pour une attaque qui, en fait, correspond à une montée à contretemps.

• *L'attaque sur amortie*

En position d'attaque classique, surtout si votre adversaire est habitué à vous voir passer à l'offensive, vous pouvez décider de jouer une amortie que vous suivrez au filet. Ce coup est très payant, à condition de ne pas en abuser : deux ou trois fois par match devraient suffire, c'est en général la moyenne observée par les joueurs qui utilisent cette tactique, comme Yannick Noah ou plusieurs des meilleures championnes.

Il vous est possible aussi d'exécuter une amortie au cours d'un échange classique. Pendant que votre adversaire court sur cette amortie, démarrez vous-même vers le filet pour anticiper sa réplique qui peut difficilement être rapide si, précisément, votre amortie est réussie.

LES VOLÉES
DE PRÉPARATION

Les volées de préparation sont souvent appelées volées « d'approche » lorsque le joueur se trouve relativement loin du filet, ou encore volées « d'attente » lorsque, plus proche du filet, il ne peut cependant conclure le point.

La majorité de ces volées doivent être jouées les plus longues possible et, lorsqu'elles sont bien jouées, elles peuvent devenir directement gagnantes. Cela dit, les volées définitives, que nous étudierons plus loin, doivent idéalement être placées courtes.

Il arrive, et ce n'est pas là l'un des moindres charmes de l'aventure au filet, que le cours du jeu en décide autrement ou bien que, en fonction du terrain ou de l'adversaire, le contraire se produise. C'est ainsi que l'on peut voir une volée courte ouvrir le jeu à une volée longue qui, elle, sera gagnante. A vrai dire, cette possibilité constitue un cas particulier, plus spécialement applicable au jeu sur les surfaces à rebond bas, comme l'herbe ou la moquette.

Les volées longues de préparation sont, en fait, d'un autre ordre. Ces volées, vous devrez y avoir recours lorsque vous serez dans l'impossibilité de conclure parce que :
– vous êtes trop loin du filet ;
– la balle est trop basse pour lui donner de la vitesse, ou trop haute, ou trop loin du filet ;
– vous êtes surpris par la vitesse ou la direction de la balle adverse et vous vous retrouvez déséquilibré, mal placé, etc.

Les grands volleyeurs qui, au filet, terminent les points en une ou deux volées, le font d'autant plus aisément qu'ils n'hésitent pas, dès qu'ils ont un doute sur leur possibilité de conclure, à avoir recours aux volées de préparation.

*L'attitude de Stefan Edberg – ses appuis notamment –
est exemplaire pour cette première volée après laquelle il avancera
vers le filet pour une volée qui sera éventuellement décisive.*

Celles-ci, en effet, obligent l'adversaire à tenter un second passing-shot, ce qui lui donne une deuxième chance d'erreur, et elles traduisent la confiance du volleyeur à l'approche du filet. Si, au contraire, dans la même situation, vous tentez une volée courte et définitive, vous prenez alors le risque de commettre une erreur directe ou bien de vous faire passer par votre adversaire si votre volée, difficile à réaliser, n'a pas mis celui-ci hors de portée. Vous lui aurez ouvert un angle pour son passing-shot et vous perdrez le point à moins que vous ne parveniez à réussir une volée, périlleuse, pour vous en tirer.

Les principales volées de préparation, que nous allons détailler, peuvent être légèrement coupées lorsque vous devez les jouer basses, ou plus à plat, et même éventuellement frappées puissamment si votre technique vous le permet et que la balle à jouer soit assez haute.

• *La volée sur le point faible de l'adversaire*

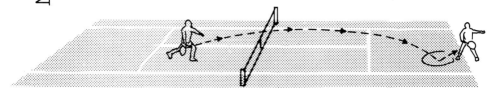

Cette volée est plus généralement orientée sur le revers adverse. Elle sera la première arme du jeune volleyeur. Je vous conseille de la jouer souvent assez près du centre et, en tout cas, pas trop près du couloir pour ne pas augmenter votre risque d'erreur.

• *La volée de déplacement*

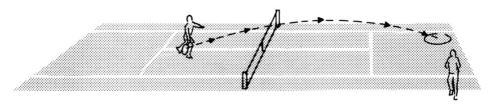

Si votre adversaire a du mal à se « récupérer », s'il est plutôt lent dans son déplacement, ou si vous voulez le fatiguer, jouez une volée longue du côté opposé. Cette volée est souvent consécutive à un bon service croisé mais aussi à un retour de qualité qui ne permet pas la volée gagnante.

Les meilleurs volleyeurs, à l'image de John McEnroe, sont d'autant plus performants au filet qu'ils n'hésitent jamais, lorsque le besoin s'en fait sentir, à avoir recours aux volées de préparation, pour mieux conclure ensuite.

• *La volée à contre-pied*

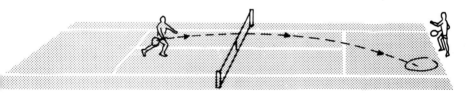

Si votre adversaire se replace très vite, voire précipitamment, n'hésitez pas essayer de le surprendre à contre-pied, même si cela vous conduit à jouer du côté de son coup le plus fort.

• *La volée cadrée*

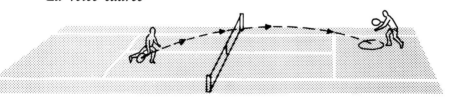

Sur un bon défenseur, dont vous avez constaté les qualités, si vous ne voyez pas vraiment d'ouverture, jouez carrément dans les pieds de votre adversaire, même si celui-ci est très avancé dans le court.

- *La volée au centre*

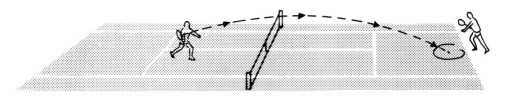

Sur un adversaire qui vous est apparu aussi redoutable en passing de coup droit qu'en passing de revers, n'hésitez pas à jouer le centre du terrain, en recherchant évidemment une certaine longueur.

- *La volée courte de rapprochement*

Pour obliger votre adversaire à courir en avant, particulièrement sur une terre battue humide, sur un tapis, ou encore sur herbe, vous pouvez rechercher une première volée coupée et courte. Ainsi, vous variez le jeu, puisque nous venons de voir qu'habituellement on cherche plutôt à préparer le point par des volées longues.

À condition de ne pas en abuser, cette volée présente l'avantage de bien ouvrir le jeu. Surpris, votre adversaire risque d'arriver tardivement et en mauvaise position sur votre balle. Il sera sans doute obligé de renvoyer une balle montante, et il vous suffira de vous rapprocher à temps du filet pour placer une volée gagnante.

LES VOLÉES GAGNANTES

*Dans certaines positions difficiles, les meilleurs volleyeurs,
comme John McEnroe, se retrouvent souvent à la limite du plongeon, en
n'ignorant pas qu'ils doivent à tout prix tenter un coup gagnant.*

Les volées définitives seront en général des volées courtes, beaucoup plus courtes que celles qui sont destinées à préparer les points.

Bien souvent, à la suite d'une montée au filet sur un service, la volée définitive sera la deuxième volée. Mais il arrive aussi fréquemment qu'après un service, comme après un retour de service suivi au filet, la première volée puisse être immédiatement jouée courte, en force ou en finesse, pour donner un point gagnant. Le joueur qui monte au filet se trouve donc placé devant un choix. Je vous ai déjà conseillé de ne pas hésiter à jouer une volée de préparation si vous n'êtes pas sûr de finir le point tout de suite. Certaines de ces volées peuvent d'ailleurs se révéler très agressives et, ainsi, il arrive souvent qu'une volée de préparation se transforme en volée gagnante.

Les volées gagnantes, présentées dans les croquis qui suivent, sont généralement courtes, et je vous conseille de jouer ce type de volées, si faciles puissent-elles paraître, avec le maximum d'application, de concentration et en vous rapprochant le plus possible du filet.

Lorsqu'il veut finir le point, le joueur doit coller au filet le plus possible. Mais par contre, entre deux volées, il ne doit pas être trop près du filet pour ne pas se laisser surprendre par un lob : la meilleure position se situe environ à mi-distance entre la ligne de service et le filet, ou légèrement plus rapproché du filet.

• *Les volées de débordement*

Droite, elle est très efficace. Mais difficile à jouer car la balle retombe le plus souvent derrière la ligne de service. Vous devez être particulièrement vigilant lorsque vous exécutez ce genre de volée, votre balle devant nécessairement passer au-dessus de la partie la plus haute du filet.

Croisée et jouée courte dans le carré de service, elle est très difficile à atteindre pour le joueur qui se trouve en défense. Mais, même si elle est jouée un peu plus longue, elle peut être également gagnante.

Dans certaines situations délicates, le bon volleyeur (ici Yannick Noah) sent qu'il doit tenter une volée gagnante.

● *Les volées à contre-pied*

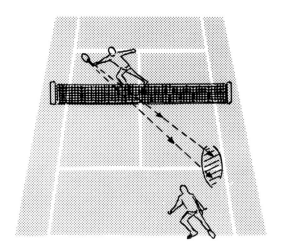

Croisée, comme la volée de débordement, vous avez plutôt intérêt à la placer devant la ligne de service.

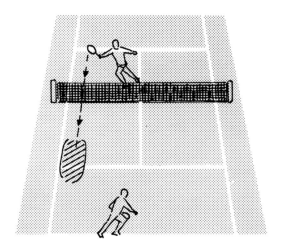

Droite, elle est certes « mortelle », mais difficile à réaliser si l'on veut qu'elle soit vraiment rapide. Si vous n'êtes pas vraiment en position favorable pour ce genre de volée, mieux vaut jouer une volée de préparation, longue et dans la même direction, et attendre le coup suivant pour une volée gagnante.

- *Les volées courtes ou amorties*

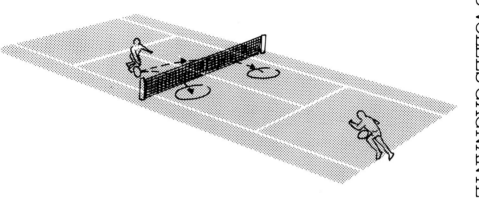

Les volées courtes et croisées, ou encore droites et amorties, peuvent se révéler remarquables à condition de ne pas en abuser. Évitez surtout de les exécuter le poignet relâché ou en recherchant une trop grande difficulté. Serrez bien votre raquette et coupez la balle franchement pour mieux la contrôler et pour qu'elle ne rebondisse pas trop haut.

- *Les volées désespérées*

Lorsque votre adversaire vous a placé dans une position telle qu'en jouant seulement une volée de préparation vous n'aurez pratiquement aucune chance d'être là pour la balle suivante, vous devez « sentir le coup » et tenter quelque chose de difficile, c'est-à-dire un coup gagnant.

   Dans cette situation à haut risque, tout est permis. L'Italien Adriano Panatta trouvait souvent des angles extraordinaires. Ilie Nastase, lui, réussissait parfois des volées liftées tellement imprévues qu'il gagnait de nombreux points quasi perdus. Yannick Noah, lui, exécute souvent, en plongeant latéralement, à bout de bras, des volées hautes de coup droit d'une puissance inouïe. S'il ne tentait pas un coup gagnant dans cette situation délicate, il serait de toute façon emporté par son élan et il lui serait impossible de revenir.

Sur ce smash difficile, Ivan Lendl fait preuve d'un remarquable équilibre au moment où il se détend. Il ne·quitte pas la balle des yeux : le smash réclame autant de concentration que les autres coups.

LE SMASH

Une superbe détente verticale de Yannick Noah qui exécute un smash, sûrement victorieux, dans un double, discipline où ce coup prend une importance particulière.

Le smash est, par définition, un coup qui doit être joué avec la volonté de gagner le point immédiatement. Cependant, sous le prétexte de mettre votre adversaire hors de portée, vous ne devez pas rechercher des zones trop difficiles à atteindre : vous vous exposez alors à trop d'erreurs. La majorité des lobs étant orientés sur le côté (et non pas au milieu du court), voici les zones conseillées pour le placement de votre smash. Elles dépendent également de vos qualités de smasheur.

• *Si vous êtes bon smasheur*

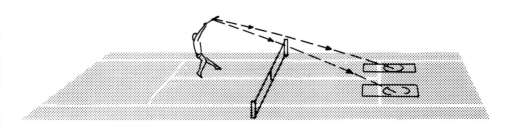

Vous parvenez, sans trop de problèmes, à smasher court et croisé en A ? Ce sera indiscutablement votre meilleur smash gagnant. De temps en temps, pour que votre adversaire ne s'habitue pas et n'anticipe pas trop, jouez en B.

Aussitôt après avoir exécuté votre smash, essayez de revenir au filet, pour le cas où l'adversaire aurait renvoyé la balle, ceci afin de conserver l'avantage du filet.

Si toutefois vous n'êtes pas en bonne position pour jouer un coup vraiment appuyé, choisissez de smasher long, en C, et là aussi, si vous êtes assez rapide, faites le nécessaire pour maintenir votre pression au filet.

• *Si vous êtes un smasheur moyen*

Si votre smash est, disons, peu précis, ne visez pas des zones trop difficiles à atteindre. Jouez plutôt 1 ou 2 mètres derrière la ligne de service, et nettement à l'intérieur du court, jusqu'à ce que vous obteniez une balle plus facile : à ce moment-là, vous la tuerez !

Ensuite, lorsque vous aurez progressé, vous pourrez rechercher des angles plus prononcés. En attendant, et pour peu que votre coup soit assez puissant, vous marquerez des points en suivant cette tactique et vous prendrez confiance en vous.

● *Si vous devez jouer un smash après rebond*

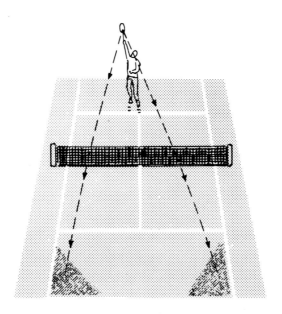

Lorsque vous laissez rebondir un lob – délibérément parfois, mais le plus souvent parce que vous y êtes contraint par la qualité de celui-ci –, les choix tactiques sont quelque peu différents.

Si vous êtes loin du filet, jouez en force en direction de l'un des deux angles, en prenant une marge de sécurité.

Si vous vous trouvez sensiblement plus près du filet, vous pouvez sûrement jouer plus court et plus croisé.

Si vous êtes déporté le long d'une ligne de côté, et si vous choisissez de jouer le long de cette ligne, vous avez tout intérêt à vous assurer une marge de sécurité d'un bon mètre, ou même un peu plus.

● *Si vous êtes dépassé par un lob*

La première chose à faire, c'est d'essayer de courir le plus vite possible pour vous placer dans la meilleure position que vous puissiez occuper. En même temps, vous décidez immédiatement si vous allez tenter de remettre cette balle difficile avec votre coup droit ou avec votre revers. Le critère, c'est la distance que vous aurez à parcourir : choisissez toujours le chemin le plus court.

Votre adversaire est resté au fond, même après avoir constaté que vous étiez contraint de laisser rebondir la balle. Remettez-la en jeu par un coup de fond de court classique et reprenez l'échange

Boris Becker, qui volleye pourtant très près du filet,
est difficile à lober à cause de la
vitesse de son recul et de la qualité de ses sauts.
Il en donne ici un bon exemple.

normalement. Vous pouvez peut-être en déduire qu'il n'est pas bon smasheur ou volleyeur et vous ferez ensuite le nécessaire pour vérifier cette hypothèse.

Votre adversaire a pris le filet ? Tout dépend alors de votre position. Si elle est correcte, vous pouvez considérer qu'il s'agit d'un coup presque normal. Jouez une balle dans ses pieds puisque la distance est généralement grande, et méfiez-vous, entre autres, de la volée amortie. Si votre position est vraiment bonne, vous pouvez tenter un passing-shot mais aussi vous demander s'il ne vous était pas alors possible d'exécuter un smash. Face à un adversaire « installé » au filet, si vous vous trouvez sérieusement en difficulté, repoussé par exemple assez loin derrière la ligne de fond, effectuez sans hésiter un lob de défense.

Pour résoudre ce genre de problème, Ilie Nastase avait, en son temps, mis au point une sorte de coup retourné, qui, joué dos au filet, par-dessus son épaule en quelque sorte, surprenait l'adversaire. Aujourd'hui, de nombreux joueurs du circuit réussissent ce coup avec bonheur. Vous pouvez vous y essayer de temps en temps à l'entraînement... et vous en deviendrez peut-être l'un des spécialistes.

DÉFENSE
ET CONTRE-ATTAQUE

*Jimmy Connors a délivré franchement un passing-shot de revers.
Alors qu'il termine seulement son geste, il a déjà amorcé son
replacement pour contre-attaquer.*

Si Boris Becker a vraiment conscience d'avoir réussi un coup efficace, il rentrera plus franchement encore dans le court pour prendre l'avantage dans l'échange.

L'art de la défense peut atteindre le même éclat que celui de l'attaque : il débouche alors sur cette contre-attaque si difficile à maîtriser. Elle réclame, en effet, une bonne technique, une sérieuse vitesse de course, un certain courage et, en plus, la connaissance des réactions du volleyeur.

● *Le passing-shot lorsque vous êtes en bonne position*

Si vous n'êtes pas vraiment déporté en dehors du court, c'est-à-dire à l'extérieur du prolongement imaginaire des lignes de simple, vous avez le choix entre plusieurs passing-shots possibles, pour peu que vous maîtrisiez bien la technique de ce coup.

Les zones A sont sans conteste les meilleures : dans le cas où votre adversaire toucherait la balle, il serait de toute façon contraint à une volée basse, toujours plus délicate. Même dirigé vers les zones B, le coup reste encore très bon.

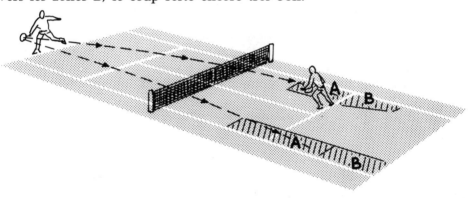

Les meilleurs passing-shots sont liftés – mais pas exagérement rasants et courts : retombant plus vite après le filet, ils permettent de chercher, et de trouver, de meilleurs angles.

En passing croisé, plus vous jouez court, plus votre balle a des chances d'être hors de portée du volleyeur.

Enfin, n'hésitez pas à jouer sur le point faible de votre adversaire chaque fois que vous serez en bonne position.

Mais n'attendez pas de lui qu'il vous donne le point en jouant une frappe trop « en dedans ». Jouez le coup franchement, c'est le meilleur conseil à vous donner.

● *Le passing-shot si vous êtes débordé*

Si vous êtes sérieusement déporté, tout n'est pas pour autant perdu, loin de là. Une large zone de terrain s'offre à vous le long de la ligne. En effet, le volleyeur, sauf s'il possède beaucoup d'allonge, aura bien du mal à contrer votre passing qui peut être rapide et long sans trop de risques d'erreurs. Notez que cette zone dans laquelle votre adversaire est vulnérable va en s'élargissant, comme le montre ce schéma.

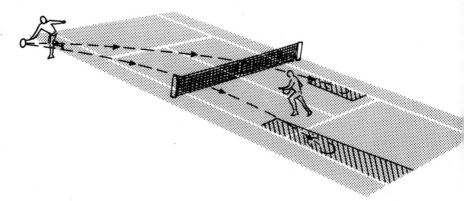

Dans ce cas, le passing-shot croisé est également une arme très efficace. Même en grande difficulté, Björn Borg le réussissait à merveille, en coup droit comme en revers, alors que son adversaire attendait plutôt une réplique le long de la ligne.

• *La défense sur l'attaque au centre*

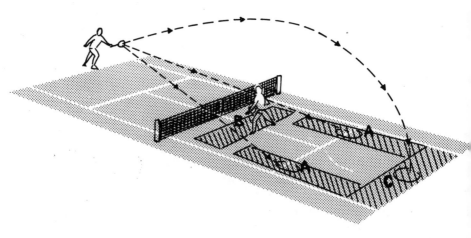

Pour contrer l'attaque au centre – c'est l'une des plus gênantes qui soit – faites d'abord appel à la variété des répliques qui interdira à votre adversaire toute forme d'anticipation. Vous disposez d'au moins 4 solutions tactiques :

   1. Le passing rasant, le plus court possible, en direction de l'un des coins du court (zones A), de préférence sur le point faible de l'adversaire.

2. La balle courte dans les pieds, molle, rasante, coupée ou poussée, ou encore avec un peu de lift. Elle tombera dans la zone B, obligeant votre adversaire à une délicate volée basse.

3. Le lob, qui sera dirigé vers la zone C, de préférence du côté du revers.

4. Le coup frappé violemment et directement sur l'adversaire : à choisir s'il vous semble posséder beaucoup d'allonge et si le succès d'un passing-shot vous paraît pour le moins aléatoire.

• *La défense en deux temps*

Lorsque vous n'êtes pas vraiment en position de passing-shot et que vous répugnez à avoir recours au lob, il vous reste, si vous le pouvez, à exécuter une balle rasante qui viendra mourir dans les pieds de l'adversaire.

C'est un coup d'attente, ou plutôt un coup de préparation, car il est tout à fait susceptible de créer l'ouverture pour un passing-shot.

Ce coup, généralement coupé, peut même surprendre l'adversaire à contre-pied, et il prend ainsi l'allure d'un véritable passing-shot.

• *Le replacement-anticipation en défense*

Lorsque, du fond du court, vous venez de tenter un passing-shot ou une balle rasante dans les pieds de votre adversaire, lequel est

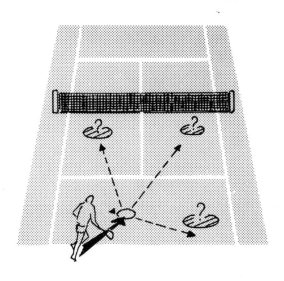

« installé » au filet, votre replacement, rapidement enchaîné après la frappe de balle, prend la forme d'une anticipation. Elle est d'autant plus impérative que la réplique sera bien sûr immédiate.

N'hésitez pas à courir en avant et à rentrer franchement dans les limites du terrain. Là, après avoir jugé de la direction prise par la volée adverse, vous vous trouverez plus près de la balle, quelle que soit la réplique. Il vous « suffira » alors de continuer sur votre lancée, de bifurquer, ou de stopper votre course pour atteindre cette balle.

Tous les bons joueurs parviennent ainsi à atteindre et à remettre en jeu des balles croisées qui pourraient sembler inaccessibles à

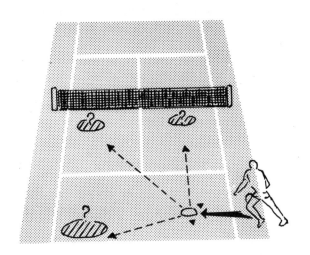

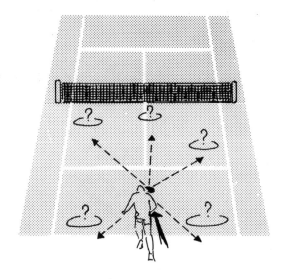

d'autres. Il leur faut évidemment posséder une grande maîtrise du coup proprement dit et de bons appuis au sol pour leur permettre de rejoindre une position à partir de laquelle ils pourront intervenir dans toutes les directions. Ces croquis montrent bien le trajet que doit, après un passing-shot joué de l'extérieur des limites du court, effectuer un joueur pour enchaîner ensuite le mouvement et, en tout cas, garder une chance de parer aux éventualités.

Enfin, le joueur qui a, à la fois, réussi un très bon coup et a bien anticipé peut se retrouver en position de volleyeur face à un adversaire à son tour déséquilibré : la qualité de son replacement lui aura permis de reprendre l'avantage dans l'échange.

• Le lob à contre-pied

On pourrait presque dire qu'il s'agit là du lob « normal », par rapport à d'autres formes plus sophistiquées du même coup.

Voici comment le réaliser au mieux. Au moment où votre adversaire est sur le point de s'avancer, parce qu'il vous a senti en position de passing-shot, vous tentez de le surprendre par un lob qui doit passer 50 cm à 1 m au-dessus de l'endroit présumé qu'il pourrait atteindre en sautant. Tout, au moins jusqu'à un certain moment du geste, doit laisser penser que vous allez jouer un passing-shot : l'élément de surprise est déterminant et tient un rôle majeur dans la réussite du coup.

Les meilleurs lobs joués à contre-pied sont ceux que vous exécuterez lorsque votre adversaire, après avoir joué une volée relativement loin du filet, s'y précipite de peur d'être passé.

Si votre adversaire ne s'avoue pas battu et court derrière votre lob, vous devez impérativement et immédiatement prendre possession du filet pour lui compliquer la tâche à votre tour.

De préférence, et bien sûr sauf exceptions, jouez ce lob du côté du revers adverse.

• Le lob de défense

Chaque fois que vous êtes sérieusement débordé dans l'échange et que vous ne pouvez donc pas frapper la balle correctement, tentez le lob de défense.

S'il est très haut et très profond, il vous laissera le temps de revenir et, peut-être, de renverser le cours du jeu. C'est, en tout cas, dans cet esprit que vous devez le jouer.

Ilie Nastase était un maître du lob, sous toutes ses formes. Ici, vraisemblablement débordé, il effectue un lob de défense qui sera très haut et lui permettra peut-être de rétablir l'équilibre dans l'échange.

- *Le lob lifté*

C'est en fait un véritable passing-shot aérien qui s'exécute la plupart du temps sur une balle profonde lorsque le joueur est en position de délivrer un passing-shot normal.

Par sécurité, il est préférable de réaliser ce coup en diagonale pour disposer d'une plus grande longueur.

Non seulement, le coup en lui-même vaut un bon nombre de points, mais, de plus, il oblige l'adversaire à se tenir par la suite plus loin du filet et laisse ainsi une meilleure ouverture aux passing-shots à venir dans le cours du match.

LE CHOIX D'UNE TACTIQUE

Avec un certain nombre de si... Si vous savez vous adapter aux différentes surfaces, maîtrisant bien les caractéristiques de chacune, si vous possédez la connaissance séparée de chaque coup pris isolément et si vous êtes, grâce à votre expérience, habitué à les enchaîner et à en faire un « tout », si vous n'ignorez rien de vos forces et de vos faiblesses, alors il vous sera aisé de *mettre au point votre tactique.*

Pour la mettre sur pied avec lucidité, considérez d'abord séparément les différents compartiments du jeu :

- *1. Le service*
- *2. Les retours*
- *3. L'échange*
- *4. Les attaques et les volées de préparation*
- *5. Les volées gagnantes et les smashes*
- *6. La défense*

Décidez ensuite de l'orientation recherchée en imaginant, en prévoyant ce qui peut se passer.

Prenons un exemple des choix que vous pouvez faire, point par point, en tenant compte des forces, des faiblesses et du jeu de votre adversaire :

1. Le service. Sur ma première balle, je ne changerai rien à mes habitudes et donc je monterai au moins deux ou trois fois

LE CHOIX D'UNE TACTIQUE

par jeu. Par contre, il faudra que je suive souvent mon deuxième service si je constate que l'adversaire cherche à me prendre le filet.

2. Les retours. Je chercherai à remettre long, au milieu du court, sa première balle puisqu'il la frappe fort mais ne la suit pas au filet. Il me sera sans doute difficile d'attaquer sa deuxième balle qui est très bonne, mais, par contre, je vais retourner le plus souvent sur son point faible, le coup droit.

3. L'échange. Je vais donc harceler mon adversaire sur son coup droit qui est médiocre mais aussi jouer, de temps à autre, des coups appuyés sur son revers pour le surprendre.

4. L'attaque. Je choisirai d'attaquer en force sur son faible coup droit. Sur son revers par contre, je jouerai plutôt près du centre, car il passe bien si je lui ouvre un angle.

5. Les volées gagnantes et les smashes. Je ne changerai rien à mes habitudes mais j'éviterai cependant de jouer sur son revers qui est très dangereux si je ne suis pas vraiment certain de finir le point.

6. La défense. Puisqu'il a tendance à se précipiter, à « coller » lorsqu'il monte au filet, je tenterai souvent de le lober. Et comme il a beaucoup d'envergure, j'orienterai plutôt mes passing-shots dans les pieds que près des lignes de côté.

Vous parvenez ainsi à une « fiche » beaucoup plus simple à suivre qu'on ne le croit : elle ne contient que trois ou quatre points particuliers. Pour parvenir à les appliquer efficacement, je vous conseille de *vous imaginer ces phases de jeu et de vous concentrer le plus possible sur ces images mentales.* Elles seront simples la plupart du temps et donc faciles à garder en mémoire.

Pour un adversaire connu, dégagez toujours trois ou quatre points essentiels. Vous pouvez les transcrire sur une feuille de papier mais devez surtout les *graver dans votre esprit. Il est en effet toujours plus aisé de réussir une chose prévue que d'être obligé d'improviser.* C'est une autre forme d'anticipation, et cette attitude vous donnera une force morale extraordinaire.

Pour un adversaire inconnu, vous procéderez, dans un premier temps en jouant votre jeu normal. En jouant, vous chercherez à vous souvenir des fautes commises et des coups réussis. Rapidement, vous en saurez assez pour établir et suivre une ligne de jeu.

Pendant la période qui précède le match, « les balles », jetez un coup d'œil sur la technique de votre adversaire. Un coup bizarrement effectué est généralement un point faible. Mais ce

*Björn Borg, en remportant cinq fois Wimbledon consécutive-
ment, a montré qu'il pouvait adapter son jeu à l'herbe, une
surface qui ne lui semblait pas vraiment destinée, et
adapter sa tactique, mais sans la changer du tout au tout.*

n'est pas une règle absolue : le style de Gene Mayer par exemple
– il jouait ses deux coups à deux mains – n'était pas vraiment
orthodoxe mais il était assez efficace pour lui permettre d'avoir
figuré un bon moment parmi les dix meilleurs joueurs du monde.

Et vous ? Vous devez tout autant décider d'une *tactique pour
vous-même, c'est-à-dire pour votre propre comportement.*

Vous pouvez très bien savoir à l'avance que, contre un
adversaire précis, il vous sera dur de vous concentrer. Attendez-
vous à ce qu'il fasse tout pour vous déconcentrer et soyez prêt
à ne pas vous laisser « embarquer ».

Prévoyez qu'il y aura peut-être des incidents d'arbitrage et qu'à
l'exemple d'un Björn Borg vous saurez, en toute occasion,
conserver votre self-control ; il ne se passera peut-être rien, mais
au moins si un incident survient, vous ne serez pas surpris.

*Le style peu orthodoxe de Gene Mayer – coup droit et revers joués à
deux mains – ne l'a pas empêché de figurer à plusieurs reprises parmi
les dix meilleurs joueurs mondiaux. Cela peut vous arriver
de rencontrer un joueur qui a un style étonnant...*

Pendant le match, pensez fortement à votre tactique et appliquez-
la coûte que coûte, quitte à lui apporter quelques retouches lorsque
c'est nécessaire et lorsque tout ne se déroule pas comme prévu.

Montrez à votre adversaire que vous n'avez pas peur de lui,
que vous êtes là pour le battre. S'il sent très tôt cette volonté, il
ne peut qu'en être impressionné.

Utilisez à fond vos meilleurs coups, même s'ils arrivent, comme
ce peut être le cas, sur le point fort adverse. Ceci à condition d'être
vraiment persuadé que cela sera plus efficace que de jouer sur
le point faible adverse, même si vous êtes moins expert pour

expédier la balle dans cette direction, même si vous devez vous servir d'un coup que vous maîtrisez moins bien.

Toutes ces composantes, qui vont de la tactique à la psychologie, feront votre force si toutefois vous possédez *cette sérénité de l'athlète en forme qui se sait bien préparé*. Si vous avez tout mis en œuvre, si vous n'avez rien négligé, si vous avez suivi votre ligne de conduite, si en somme vous n'avez rien à vous reprocher, vous pouvez alors savourer pleinement la victoire... Ou, battu, vous n'aurez pas à rougir de la défaite. En sport, ne l'oubliez pas, *l'essentiel est de donner le meilleur de soi-même.*

Nous avons suffisamment insisté sur le bienfait de décider d'une tactique et de s'y tenir pour vous conseiller maintenant de garder présente à l'esprit l'idée suivante : les coups prévus à l'avance, les enchaînements calculés ne doivent pas irrémédiablement vous priver de votre vision immédiate du jeu ni de la possibilité de choisir instantanément une autre réplique qui s'offrirait à vous.

Attention, tout en laissant une place à ce que l'on pourrait appeler l'improvisation, vous ne devez *pas changer une tactique qui gagne*. Ce qui est vrai pour les autres sports l'est aussi pour le tennis.

Lorsque vous menez nettement une partie, cela peut paraître évident. Soyez cependant vigilant, car bien souvent on ne croit pas vraiment modifier quoi que ce soit alors qu'on le fait sans s'en rendre compte. Ainsi, un joueur de fond de court se met, insensiblement, à oublier d'effectuer des changements de rythme, à tenter des incursions au filet. Il attend un petit peu trop.

Cet écueil menace souvent le joueur qui, par exemple, a enlevé sans problèmes le premier set et a déjà fait le « trou » dans le second. En confiance, il ne suit plus tout à fait sa tactique. Le défenseur se fait trop défenseur, l'attaquant se fait trop attaquant. L'éviter suppose une bonne connaissance de votre propre jeu et la capacité de l'analyser.

Au contraire, vous devez impérativement *changer une tactique qui perd*. Mais à quel moment et comment ? Ce n'est pas si facile qu'on pourrait le penser.

Tout d'abord, il arrive que l'on perde en jouant comme il le faut. Dans ce cas, assez fréquent, ne remettez pas la tactique en cause mais vous-même : vous ne montrez peut-être pas assez de détermination, de volonté, et vous devez vous en persuader. Plutôt que de chercher un remède-miracle, essayez de suivre de plus près encore la tactique choisie, élevez le niveau de votre jeu.

Mais, bien sûr, il existe des situations où il est impératif de changer de tactique. Mais pas du tout au tout. Le joueur très offensif ne doit pas se transformer en joueur hyperdéfensif, ou vice versa.

LE CHOIX D'UNE TACTIQUE

Vous devez, dans ce cas, *modifier légèrement votre jeu.* Par exemple, vous montez un peu plus au filet, ou un peu moins, vous préparez mieux vos attaques, vous décidez de ne monter que lorsque vous avez une ouverture franche. Ou bien encore vous attaquez plus au centre ou, au contraire, en recherchant plus les angles, ou encore en frappant plus fort la balle que vous suivez ensuite au filet. Vous pouvez aussi décider de jouer plus souvent sur le coup faible de votre adversaire. Bref, vous faites un peu plus, un peu mieux telle ou telle chose, mais surtout pas le contraire de ce que vous faisiez.

Si vous n'êtes pas capable de changer de tactique, c'est que vous ne possédez pas vraiment un jeu bien à vous.

Il en est de même lorsqu'un joueur veut apporter des modifications à son jeu en général et non plus seulement à l'occasion d'un match particulier. Là aussi, *le changement ne doit pas être brutal.*

Si vous jouez à 25 à l'heure, n'essayez pas de passer sans transition à 100 à l'heure. Travaillez tous vos coups, puis progressivement, à l'entraînement et ensuite en compétition, utilisez-les plus, incorporez-les à votre jeu. Mais, surtout, n'hésitez pas à consacrer du temps à cette transformation menée pas à pas : cela ne se fera pas, de toute façon, du jour au lendemain.

La concentration du grand champion américain Arthur Ashe : décider d'une tactique et s'y tenir, c'est souvent le secret des grandes victoires.

LE DOUBLE

Autant vous l'avouer tout de suite, j'aime autant le double que le simple. Et je regrette qu'à tous les niveaux les tournois accordent plus d'intérêt au simple qu'au double. Pour être un grand joueur de simple, il faut être un grand joueur de double : parmi les vainqueurs de Wimbledon, et à l'exception notable bien sûr de Björn Borg, il en est peu qui n'aient pas été aussi des bons joueurs de double.

À l'inverse, il est possible d'être uniquement un grand spécialiste du double. Les exemples ne manquent pas dans le passé ou dans le tennis actuel : citons simplement Heinz Gunthardt et Balazs Taroczy, vainqueurs de Wimbledon en 1985, et bien sûr Peter Fleming. Si j'ai choisi d'illustrer ce chapitre avec des photos de John McEnroe et Peter Fleming, c'est qu'ils ont formé pendant longtemps une équipe exemplaire. John McEnroe était évidemment beaucoup plus fort individuellement que Peter Fleming, mais leur double était excessivement collectif.

Ces spécialistes, passés ou actuels, ont probablement manqué d'un bagage physique, technique ou mental pour être aussi de grands joueurs de simple. Mais ils ont possédé, ou possèdent, ces qualités de coup d'œil, d'avancée, ce sens de la place qui sont nécessaires pour jouer en double à un haut niveau. Ils n'auraient d'ailleurs peut-être même pas atteint leur niveau en simple s'ils n'avaient été parallèlement très bons en double.

Vous aussi, *jouez en double, vous améliorerez votre valeur en simple, et vous découvrirez en même temps les joies du sport d'équipe sur un terrain de tennis.*

Mais, bien sûr, jouez le double comme il doit être joué, en respectant les grands principes. Essayez d'imaginer le jeu de double comme un étau à quatre branches qui se resserre sur le filet, et où il faut absolument arriver le premier pour enrayer l'avancée des adversaires en leur faisant jouer des volées basses ou des demi-volées.

Les positions

Au départ d'un échange classique de double, les positions sont clairement définies. Le partenaire du serveur est au filet, prêt à

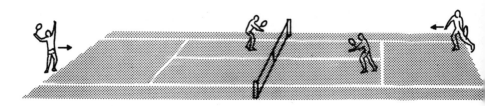

jouer une volée « normale » ou en interception. Le partenaire du joueur qui retourne se place aux alentours de la ligne de service, prêt à avancer vers le filet ou, au contraire, à reculer suivant la qualité du retour.

L'action, toujours l'action

En double, les deux joueurs doivent être constamment prêts à jouer chaque balle, même si un seul la joue.

Soyez donc toujours disponible même si vous ne devez pas toucher la balle pendant l'échange en cours. Un point essentiel de ce que l'on peut appeler le jeu sans balle : conservez toujours la même distance avec votre partenaire lorsque vous êtes au filet. Rapprochez-vous du centre dès que votre partenaire est lui-même

entraîné vers « son » couloir. Vous devez vous déporter du côté où se joue le jeu, un peu à la façon dont un gardien de but bouche ses angles.

Venez toujours le plus vite possible rejoindre votre partenaire au filet.

Jouez dans les pieds de l'adversaire : idéalement, un point se construit en fixant l'adversaire par une balle dans les pieds qui l'oblige à une volée montante et vous permet – ou à votre partenaire – d'être le premier très près du filet pour conclure l'échange.

Jouez beaucoup au centre dans les échanges, à la volée s'il n'y a pas d'ouverture, du fond du court si les adversaires sont bien installés au filet.

Si vous êtes lobé, essayez, coûte que coûte, de ne pas vous faire passer. Si vous êtes vraiment en mauvaise position et si vous ne pouvez pas appuyer le smash, remettez la balle en jeu mais, surtout, *conservez la position au filet.*

Lorsqu'une balle arrive très vite sur vous alors que vous êtes au filet, lorsque vous êtes littéralement « bombardé » par un joueur installé au fond du court, *faites le mur :* vous remettez la balle dans la direction de celui des adversaires qui est le plus éloigné du filet et, dans la mesure du possible, du côté de son coup le moins percutant.

De toute façon, soyez toujours prêt à *avancer sur toutes vos volées, à jouer le plus près possible du filet, à tenter des volées gagnantes à la première occasion.*

Dans un échange de près à la volée, et si, là encore, vous ne voyez pas d'ouverture, *n'hésitez pas à jouer franchement sur l'adversaire.* Si possible légèrement du côté de sa volée de coup droit : il sera ainsi plus gêné pour réagir.

Contre une équipe très rapide, quelques séries de lobs de défense peuvent être les bienvenues pour casser la confiance et briser le rythme d'attaque. Mais considérez cela comme une tactique occasionnelle et revenez ensuite à un jeu plus classique de double.

Les lobs d'attaque, particulièrement les lobs liftés, sont moins difficiles à réussir en double qu'en simple puisque les joueurs avancent systématiquement. De plus, la diagonale du double est plus longue que celle du simple.

Le lob de volée est généralement choisi par des joueurs qui

LE DOUBLE

Si j'ai choisi d'illustrer ce chapitre sur le double par des photos de John McEnroe et Peter Fleming, c'est parce que cette équipe, aujourd'hui dissoute, a longtemps été l'une des meilleures équipes du monde (4 fois vainqueur à Wimbledon, 3 fois à l'U.S. Open, 7 fois consécutivement au Masters, une seule défaite en Coupe Davis). Personnellement, John McEnroe a fait beaucoup pour la revalorisation du double, spécialité trop souvent délaissée par les meilleurs joueurs de la génération précédente comme Connors, Borg ou Vilas.

C'est l'attitude classique d'une bonne équipe de double. Les deux joueurs, placés environ à 3 mètres du filet, se trouvent parfaitement sur la même ligne. Ils se décaleront ensemble vers la droite ou vers la gauche si le jeu se déporte à droite ou à gauche.

Une volée d'attente de John McEnroe sous l'œil de son partenaire qui s'est tourné vers lui pour mieux suivre l'action.

Surpris par une balle plongeante au centre, John McEnroe parvient cependant à atteindre la balle. Peter Fleming avait aussi préparé sa volée, mais laisse faire son partenaire.

La réplique de l'adversaire ayant été plus lente – ou plus prévisible – John McEnroe s'est élancé pour une interception sur une balle au centre alors que Peter Fleming avait déjà amorcé une volée de revers. Dans le cas où McEnroe serait emporté par son élan au-delà du milieu du terrain, Fleming pourrait « croiser » et l'équipe inverserait donc ses positions.

Alors qu'ils se trouvaient en défense au fond du court, les deux joueurs se sont fait surprendre par une balle courte. Ils s'élancent très rapidement. Peter Fleming jouera cette balle et John McEnroe, suivant son partenaire, viendra également occuper une position proche du filet. Les deux partenaires tenteront ainsi de transformer une situation plutôt défavorable en une possible contre-attaque.

ne savent pas quoi faire d'autre. Il doit demeurer exceptionnel. Contre un bon smasheur qui recule vite ou possède beaucoup de détente, à la façon d'un Yannick Noah ou d'un John MacEnroe, ce lob représente presque toujours un point perdu. C'est vrai à tous les niveaux, car c'est un coup difficile à contrôler. Vous pouvez cependant l'utiliser contre un adversaire déséquilibré vers le filet.

Jouer à l'australienne, c'est-à-dire vous placer du même côté du court que votre partenaire au service, peut être utile face à un bon retourneur qui a du mal à retourner devant lui. Le serveur, qui doit servir pratiquement au centre, monte vers le côté du court où il vient de servir. Il s'agit d'une tactique à n'utiliser qu'épisodiquement pour dérégler l'adversaire ou les adversaires.

Enfin, ou plutôt d'abord, *échauffez-vous longuement* avant un match de double. Préparez-le aussi soigneusement qu'un simple, en vous mettant d'accord avec votre partenaire sur les interceptions.

Lorsque vous vous trouvez en fâcheuse position, ou au contraire lorsque vous menez largement au score, ne soyez ni désespéré ni trop optimiste : *un double « bascule » encore plus vite qu'un simple.*

Le rôle du serveur

Il ne doit pas se placer trop près du centre pour servir, disons à environ 1,50 mètre, distance qui peut être réduite exceptionnellement. Il doit varier la frappe et les effets, en cherchant très souvent, plus qu'en simple, le revers. En double, il faut passer beaucoup de premières balles, quitte à ne pas frapper le service de toutes ses forces.

Il est indispensable de *monter très vite au filet* et de nuancer votre volée suivant les cas :

– Si le retourneur est resté au fond, jouez une volée longue dans sa direction. De temps à autre, une volée coupée et courte l'obligera à avancer et, en même temps, empêchera son partenaire d'intercepter.

– Si le retourneur est monté, dosez une volée plus ou moins longue pour que la balle lui arrive dans les pieds.

– Si vous avez une balle facile, vous êtes dans une situation à peu près idéale, vous n'avez que l'embarras du choix pour tenter – et réussir – une volée gagnante.

– Si votre partenaire intercepte, franchissant nettement le milieu du court, vous devez être capable de croiser et de changer très rapidement de côté. S'il vous a prévenu qu'il interceptait, vous

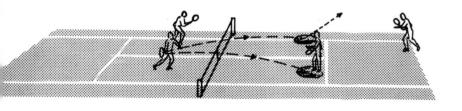

devez monter dans la direction habituelle et ne changer de direction que lorsque le retour adverse part.

– Si votre première volée est jouée loin du filet, en raison de la qualité du retour, avancez rapidement pour vous retrouver à 2,50 ou 3 mètres du filet, et avancez à nouveau après chaque volée.

Lorsque vous êtes au service, et lorsque vous voulez tenter un service inhabituel, il n'est pas mauvais de prévenir votre partenaire de cette nouveauté.

Le rôle du partenaire du serveur

La première règle, c'est de vous méfier d'un retour surprise ou d'un lob. Se faire lober, c'est *perdre le filet, c'est la plus grande faute que vous puissiez commettre en double.* Vous devez être prêt à « sabrer », à « tuer » un retour médiocre, en interceptant s'il ne vient pas de votre côté.

Interceptez souvent après avoir prévenu (discrètement) votre partenaire, généralement sur sa première balle de service. Mettez d'ailleurs au point avec lui, avant le match, la tactique de l'interception : à quel moment, sur lequel de ses services, de préférence sur lequel des retourneurs ?

Faites aussi souvent semblant d'intercepter pour entretenir la crainte chez l'adversaire.

Placez-vous plus près du centre que d'habitude pour attirer le retour, que vous anticiperez, vers le couloir, et cela sur les premières balles de votre partenaire. Dans ce cas, vous couvrirez rapidement votre couloir en revenant à la position normale.

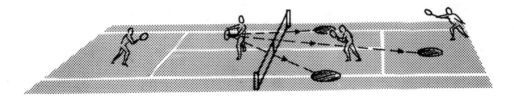

De la même façon, vous pouvez, de temps en temps, « coller » un peu plus au filet pour provoquer le lob.

Lorsque l'adversaire retourne directement et violemment sur vous, vous devez remettre en jeu sur le joueur adverse le plus éloigné du filet : vous faites en somme le mur jusqu'à ce qu'une ouverture se présente.

Le rôle du retourneur

Son premier souci doit être de *retourner dans les pieds du serveur*. De temps à autre, que vous le décidiez à l'avance ou que vous en sentiez l'opportunité, lobez, ou bien « ajustez » le couloir, ou encore tentez un retour en force au centre ou alors très croisé et court.

Avancez le plus possible sur les retours et cherchez à renverser le cours du jeu en accélérant votre course vers le filet chaque fois que votre retour contraint le serveur à jouer une volée basse ou une demi-volée.

Le rôle du partenaire du retourneur

Placé environ à 1 mètre devant la ligne de service, il doit immédiatement, dès qu'il sent que son partenaire va retourner normalement, se rapprocher du filet, à environ 2,50 ou 3 mètres. Soyez prêt, après cette avancée rapide, à intercepter les éventuelles mauvaises volées du serveur.

Interceptez de temps en temps... même si vous n'avez pas prévenu votre partenaire. Feintez aussi l'interception pour mieux couvrir votre couloir.

Reculez très vite si, cela arrive, votre partenaire a plutôt manqué son retour.

Le rôle psychologique de chaque joueur

Le double est un sport d'équipe, et cet aspect du tennis n'est pas le moins passionnant.

Établissez entre vous et votre partenaire un contact direct et loyal. Vous devez vous conseiller, vous encourager mutuellement, sans « prendre de gants » mais en restant modestes et indulgents.

Exemple : vous réussissez une volée décisive. N'hésitez pas à dire « bien servi » ou « bien retourné » à votre partenaire : il est d'ailleurs peut-être à l'origine de votre coup.

Exemple inverse : il manque une volée facile alors que votre retour était excellent. « Cela ne fait rien, ce n'est pas grave », « Applique-toi davantage sur le prochain coup » : montrez-lui que vous lui gardez votre confiance.

Attention, l'esprit d'équipe ne veut pas dire fausse modestie, ce qui serait le pire de tout. N'hésitez pas, si votre partenaire a mal joué, à considérer que si vous-même aviez été meilleur, si vous l'aviez mieux aidé, il aurait sans doute été moins mauvais : vous êtes peut-être aussi responsable de sa prestation quelconque.

Si vous envisagez le double de cette façon avec un partenaire que vous aimez retrouver, vous serez « bien » à deux sur le court. Dans un mauvais jour, vous ne sombrerez pas tout à fait. Dans un jour faste, vous remporterez des matches contre des adversaires individuellement plus forts que vous deux.

Ces jours-là, dans le cas d'une belle victoire, savourez-la vraiment ensemble : *les joies aussi sont doubles.*

Une des règles du double : ne jamais cesser de se parler, de s'encourager, à l'image du Suisse Heinz Gunthardt (à gauche) et du Hongrois Balazs Taroczy qui ont remporté Wimbledon en 1985.

UN PROBLÈME, UNE SOLUTION

Au fil des pages de ce livre, vous l'avez compris : rien ne remplace une technique bien comprise, une tactique rigoureuse, une condition physique affinée. Il n'y a pas moyen de tricher avec ces trois éléments fondamentaux de votre jeu, et les progrès passent forcément par eux.

Ils ne sont pas en fait dissociables. Et, précisément, bien des joueurs privilégient exagérément la technique : pour eux, l'amélioration d'un coup ne peut venir que de modifications apportées au geste lui-même. L'expérience prouve au contraire qu'une adaptation tactique permet le plus souvent de compenser certaines failles techniques. La lacune, le point faible, ne disparaissent pas comme par enchantement, mais ils deviennent moins dommageables pour le jeu pris dans son ensemble.

Ces « trucs », dégagés dans mes livrets techniques parus dans le mensuel « Tennis Magazine », vous permettront de trouver pour les coups qui vous posent des problèmes des solutions immédiates. Et ces nouveaux choix tactiques, auxquels vous n'avez peut-être pas pensé, ont de bonnes chances d'entraîner une amélioration de votre technique elle-même.

Le service

On ne le répétera jamais assez : le service est le seul coup du tennis dont vous êtes totalement maître. Celui où vous pouvez, en principe, éviter totalement les fautes. Ce n'est bien sûr qu'un principe : qui n'a jamais commis de double faute ? Mais, en dehors de celle-ci, immédiatement sanctionnée par le « cadeau » d'un point à votre adversaire, d'autres fautes concernent la longueur, la précision, le dosage de la puissance ou encore la recherche des effets.

● *Si votre lancer de balle est vraiment trop irrégulier*

Un mauvais lancer de balle est la source d'un nombre incalculable d'erreurs et, souvent, d'une sérieuse perte de confiance. Vous tenez sans doute mal votre balle. Trop de joueurs la prennent à pleine main, comme une boule de pétanque, au lieu de la poser simplement sur les doigts. D'autres ont tendance à s'en « débarrasser » en donnant une impulsion du poignet ou de l'avant-bras.

Faites en sorte, qu'après sa descente, le bras gauche (pour un droitier) s'allonge parfaitement le long de la jambe gauche. À partir de ce moment, les articulations du poignet et du coude ne doivent plus bouger, laissant ce soin à celle de l'épaule gauche.

Un très bel exemple, donné par Guillermo Vilas, de l'importance du lancer de balle dans le geste du service. Sa concentration est également visible et tout à fait remarquable.

● *Si vous ne parvenez pas à servir plat*

La quasi-impossibilité de servir vraiment plat – c'est pourtant le moyen privilégié de rechercher l'axe – provient le plus souvent du fait que l'on ne peut s'empêcher d'imprimer un effet à la balle. Il s'agit en l'occurrence d'un slice. Vous lancez probablement votre balle trop à droite. Essayez donc de la lancer un peu plus sur la gauche tout en la dirigeant vers l'avant.

Faites en sorte, par un mouvement de poignet, que votre raquette ne termine pas sur le côté gauche du corps mais pratiquement sur le côté droit.

● *Si votre première balle sort en longueur*

C'est exactement l'inverse du problème précédent : celui de joueurs et joueuses qui, tout en n'étant pas de grande taille, ne mettent pratiquement aucun effet dans la balle. Frappée tout à fait à plat, celle-ci part horizontalement et, le plus souvent, s'avère trop longue.

La solution est simple pourtant : donnez un soupçon d'effet à la balle. Le slice, par exemple, sera le bienvenu. Lancez donc la balle vers la droite et vers l'avant et prolongez le mouvement du bras gauche et de l'épaule vers l'endroit où vous avez lancé la balle. Pendant le même temps, le mouvement de l'épaule droite rend possible cet effet slicé que vous recherchez.

● *Si votre première balle tombe dans le filet*

Dès que vous l'appuyez, votre première balle de service atterrit régulièrement dans le filet ? Vous lancez sans doute votre balle un peu trop avant, en vous déséquilibrant trop tôt.

Gardez bien votre pied droit en contact avec le sol pendant le lancer de balle et veillez précisément à lancer celle-ci moins en avant.

● *Si, gaucher, vous avez du mal à servir sur le revers des droitiers*

Alors là, pas de question si vous êtes dans ce cas : vous devez absolument apprendre à slicer votre service.

Lancez votre balle un peu sur le côté gauche et si possible pas trop haut. Effectuez une rotation assez prononcée qui favorisera cet effet slicé, l'épaule gauche allant nettement en avant.

● *Si votre service lifté manque sérieusement de punch*

Ce service que vous avez appris à lifter, il vous paraît manquer de frappe et d'accélération, en un mot il ne va pas assez vite ? Vraisemblablement, vous vous crispez beaucoup trop au moment de servir, qu'il s'agisse d'ailleurs d'un lift, d'un slice ou d'un service plat. Ne serrez absolument pas la raquette pendant toute la préparation et le début de la boucle, imitez le relâchement complet des doigts et du poignet d'un Yannick Noah par exemple.

• *Si votre service lifté ne remonte pas assez sur le service de l'adversaire*

Pour toucher, à gauche, le revers de l'adversaire, il faut déjà être un bon lifteur. Pour y parvenir, tournez-vous davantage et laissez-le plus possible l'épaule gauche en avant pendant la montée de l'épaule droite. Vous devez imaginer que vous effectuez une sorte de mouvement de roue avec les deux épaules. L'effet lifté sera favorisé et vous aurez alors de meilleures chances d'atteindre des endroits proches du couloir.

Le coup droit

L'expérience prouve qu'un joueur frappe à peu près deux coups droits pour un revers. Découvert instinctivement la plupart du temps, il devient l'arme de débordement par excellence : pour « percuter » une balle facile, choisissez plutôt le coup droit. Mais attention aux fautes possibles, qui sont nombreuses, même s'il s'agit d'un simple coup d'attente.

• *Si vous faites beaucoup de fautes en coup droit d'attente*

Selon toute vraisemblance, vous voulez trop bien faire, vous voulez taper trop fort ou jouer trop près des lignes, ou les deux en même temps. Rapprochez donc du centre du terrain la zone où vous jouez et donnez une priorité aux coups croisés par rapport aux coups le long de la ligne, surtout lorsque vous avez été mis en difficulté. Autre raison possible de cette défaillance en coup droit d'attente : une trop grande timidité dans la frappe qui vous empêche de contrôler correctement votre balle.

Lorsque vous avez décidé de jouer près des lignes, vous devez oser et frapper franchement... à condition bien sûr d'être en bonne position pour le faire.

• *Si votre balle monte très (et trop) haut*

Vous avez la désagréable impression de « donner » la balle à l'adversaire parce qu'elle monte systématiquement ? Serrez bien votre raquette à la frappe et recherchez la sensation d'appuyer lourdement votre raquette « sur » la balle tout en laissant aller la tête de raquette dans la direction recherchée.

- *Si vous ne parvenez pas vraiment à jouer croisé*

Vous vous privez de cette arme de choix que constitue le coup droit croisé, idéal pour déporter l'adversaire, pour le « sortir » du court. Cherchez à avancer un peu votre point de frappe. En déclenchant un peu plus tôt votre mouvement, vous décalerez votre plan de frappe. Un accompagnement légèrement plus prononcé sur votre gauche peut également vous aider à corriger cette lacune.

- *Si votre coup droit croisé est presque toujours trop court*

Il s'agit d'une faiblesse fréquente, notamment sur les coups joués en pleine course. En effet, le dosage idéal de la frappe est difficile. Une fois de plus, vous voulez sans doute trop en faire, vous cherchez à mettre trop d'effet dans la balle. Dans votre désir de

Chris Evert-Lloyd joue un coup droit d'attente sur terre battue. Les appuis sont certainement exemplaires, et la préparation est nettement amorcée.

lui donner du lift par exemple, vous vous relevez trop nettement ou trop rapidement et votre coup se transforme en un demi-lob sans vitesse qui tombe à mi-court.

La solution est à chercher du côté d'un entraînement spécifique : courses avec contrôle de la raquette en bonne position, préparation lente de votre coup droit sur 2 ou 3 foulées.

• Si votre coup droit croisé sort souvent en longueur

Ne vous lamentez pas, il s'agit sûrement d'une question de dosage. Contrairement au cas précédent, vous n'imprimez aucun effet à la balle, vous ne contrôlez pas votre poignet et du coup votre balle devient régulièrement, si l'on peut dire, trop longue... à moins qu'elle n'ait rencontré le filet sur sa trajectoire.

Astreignez-vous au même entraînement que pour la faute précédente : vous devez absolument vous donner une meilleure « rentrée » dans la balle et un dosage plus régulier de vos effets.

• Si votre coup droit décroisé est trop court

Vous entrez dans la catégorie des joueurs qui effectuent un coup droit décroisé en voulant mettre trop d'effet lifté. Cet effet fait passer la balle largement au-dessus et arrondit la trajectoire. D'où souvent un coup trop court et qui manque de vitesse.

Oubliez donc un peu le lift, frappez très fort avec un poignet qui précède assez nettement la tête de raquette. L'impulsion des jambes à laquelle vous vous obligerez pour cette frappe en force donnera quand même un léger effet à la balle sans pour autant atténuer sa vitesse. Vous pouvez vous inspirer d'un exemple illustre, celui de Björn Borg, qui, en son temps, avait notablement atténué le lift d'abord très prononcé de son coup droit pour le frapper plus violemment et en augmenter la vitesse.

• Si, après avoir reculé, vous jouez toujours trop court

Le meilleur moyen pour éviter ce défaut, proche du précédent, c'est de frapper, là aussi, plus fort. Vous pouvez aussi mettre un peu moins d'effet dans la balle. Si vous frappez déjà fort, c'est que vous ne le faites pas assez haut. Peut-être aussi vous laissez-vous surprendre en reculant. Amorcez votre recul plut tôt pour pouvoir frapper en avançant à nouveau. Mais, ne soyez pas surpris, c'est bien plus exigeant sur le plan athlétique.

• Si votre balle est toujours coupée

Une balle systématiquement coupée manque d'efficacité et, de plus, votre adversaire s'habitue à cet effet unique. Pendant le retour vers l'avant de votre raquette, efforcez-vous de laisser « tomber » la tête de raquette au-dessous du poignet et ne la faites remonter qu'après la frappe. À la frappe proprement dite, votre poignet doit se trouver un peu plus haut que la balle.

• *Si votre coup droit décroisé ne déborde pas votre adversaire*

Si votre coup droit décroisé ne vous rapporte pas les points que vous espérez, c'est peut-être parce que vous l'utilisez trop systématiquement. Songez à jouer assez souvent sur le coup droit de l'adversaire (dans le cas d'un droitier) et à vous servir du coup droit décroisé comme d'une variante qui, à ce moment, surprendra et vous apportera sûrement des points.

• *Si vous avez du mal à trouver votre distance sur les balles profondes*

Le premier conseil à vous donner, c'est de reculer en pas chassés sur les balles longues. Au cours de ce recul, bien des joueurs ne se concentrent pas suffisamment sur la balle. Et leur recul devient alors perpendiculaire par rapport à la ligne de fond alors qu'il devrait être plutôt effectué en diagonale.

• *Si vous ne parvenez pas à lifter votre coup droit*

Vous êtes peut-être dans la situation de ces joueurs qui, ayant appris un jeu disons classique, éprouvent des difficultés à distribuer des balles hautes et liftées.

Rassurez-vous, il n'est pas nécessaire de lifter pour bien jouer au tennis : bien des champions – et parmi les meilleurs ! – ont su s'en passer fort bien. Mais le contrôle de la balle est fondamental et, là, le lift, au moins léger, devient nécessaire.

Pour y parvenir, laissez tomber votre tête de raquette le plus tôt possible, un peu plus tôt que vous n'en avez l'habitude et « grattez » en la remontant. Au début, à l'entraînement, imaginez-vous que le filet a la hauteur d'un filet de volley-ball et faites franchir ce filet imaginaire à votre balle. Cherchez également à terminer votre geste en dirigeant la face de la raquette qui vient de toucher la balle vers le filet, et en fait vers votre adversaire. Ces deux points favoriseront l'effet lifté que vous recherchez. Vous pourrez ensuite abaisser quelque peu la trajectoire de la balle.

- *Si votre coup droit lifté est trop court et ne vous permet pas de repousser votre adversaire*

Cette erreur a deux sources possibles : ou vous ne frappez pas assez fort, ou vous voulez donner trop de lift à la balle. Vous devez tout simplement trouver un équilibre. Essayez par exemple de jouer vos balles comme si le filet se trouvait à peu près sur la ligne de service adverse. Si elle reste bien présente à votre esprit, cette idée du résultat final aura toujours une certaine incidence sur le geste technique.

Pour bien assimiler cette recherche de la profondeur dans les trajectoires de balle, tentez donc de placer sur le court non pas un filet imaginaire mais un obstacle bien réel, par exemple une chaise. En lobant, si l'on peut dire, cette chaise, vous parviendrez plus facilement au lift idéal. Et votre balle tombera vraisemblablement à deux mètres environ de la ligne de fond, ce qui est tout à fait suffisant.

Cela dit, le caractère trop court de votre lift peut se révéler positif et devenir une arme lorsqu'il s'agit d'effectuer un passing-shot dans les pieds de votre adversaire.

- *Si vous ne parvenez pas à enchaîner coup droit lifté et montée au filet.*

Le « lifteur », que son lift soit prononcé ou un peu moins, adopte un jeu de jambes vertical. Trop souvent, lorsqu'il veut suivre son coup de filet, il démarre... pratiquement arrêté si l'on ose dire. En effet, il part avec un temps de retard.

À vrai dire, cela peut parfois devenir un avantage si le coup lifté est de très bonne qualité : il permettra une attaque à contretemps. Mais, plus généralement, les joueurs n'effectuent pas aussitôt leur foulée vers l'avant et rencontrent ce problème du retard au démarrage. Si c'est votre cas, essayez de rentrer franchement dans la balle en avançant d'un bon mètre.

Le revers

Alors qu'il est sans doute plus naturel que le coup droit, le revers pose souvent bien des problèmes aux débutants et... demeure souvent une faiblesse chez ceux qui ne le sont plus vraiment. Ce n'est évidemment pas sans raison que l'on recommande en général de servir sur le revers plutôt que sur le coup droit. Vous avez tout intérêt à travailler sérieusement votre revers pour qu'il ne devienne pas la cible préférée des manœuvres de votre adversaire.

● *Si votre revers coupé monte toujours trop haut*

Ne confondez pas l'effet coupé qui est véritablement recherché pour donner vitesse et direction à la balle et celui qui est choisi par peur de frapper. Si vous voulez réussir un bon revers coupé, effectuez un geste très sec à l'impact, en accélérant juste avant la frappe. Au début de l'accompagnement vers le bas, votre balle doit être violemment grattée par la raquette. Mais, attention, elle doit être vraiment frappée, et non pas seulement poussée.

● *Si votre revers coupé est régulièrement trop court*

Votre balle a tendance à avoir un rebond vertical au lieu de fuser ? C'est sans doute que vous lui donnez un effet trop vertical, de haut en bas. Cherchez plutôt la sensation d'une frappe de balle à plat. À la fin de votre préparation, que vous n'effectuerez pas trop haute, descendez votre bras pratiquement à hauteur de la balle et frappez-la à plat, en imprégnant l'effet coupé seulement au dernier moment. Autrement dit, obligez-vous à couper la balle dans un geste plus horizontal, et essayez également de garder le poignet ferme pendant toute la durée du mouvement.

C'est précisément le rythme même du mouvement qui vous permettra d'atteindre une trajectoire fusante et une bonne longueur de balle.

● *Si votre revers coupé ne vous permet pas vraiment*
de déplacer votre adversaire

Vous voudriez « bouger » votre adversaire à l'aide de votre revers coupé, mais vous n'y parvenez pas alors que vous êtes plutôt précis ? Selon toute probabilité, vous abusez de l'effet au détriment de la frappe et, en fait, votre revers coupé ne va pas assez vite. Essayez donc de prendre la balle plus tôt après le rebond.

● *Si vous commettez beaucoup de fautes*
avec votre revers coupé le long de la ligne

Les coups joués le long des lignes sont, sans conteste, ceux qui réclament le plus de précision, et bien des joueurs conçoivent assez mal cette exigence. Portez donc la plus grande attention à ces coups et nuancez vos choix en fonction de votre position.

Lorsque vous êtes placé relativement loin de la ligne de fond, votre revers coupé doit être un peu moins coupé que lorsque vous êtes plus près du filet. En fait, plus vous êtes loin et plus vous êtes en difficulté, moins vous devez chercher à jouer le long des lignes et plus vous devez vous rapprocher du centre. C'est seulement lorsque vous serez nettement à l'intérieur du terrain que vous rechercherez vraiment le coup le long de la ligne.

• *Si vous avez du mal à exécuter un revers lifté*
sans taper très fort

Si vous ne parvenez pas à jouer tranquillement, en douceur pourrait-on dire, sur une balle basse, c'est sans doute que vous recherchez de préférence le revers lifté court et croisé, le revers le long de la ligne étant un coup délicat que peu de joueurs maîtrisent vraiment au fond.

Appliquez-vous, pliez les genoux, baissez lentement votre tête de raquette en vous aidant de la main gauche (pour un droitier). Pendant que vous imprégnez l'effet lifté par une remontée verticale de la raquette, essayez d'effectuer un mouvement de rentrée du genou gauche vers le genou droit, votre corps se plaçant quelque peu en arc.

Ainsi, vous parviendrez probablement à accentuer l'effet recherché sans avoir besoin de taper très fort, et vous raccourcirez notablement la trajectoire de la balle.

• *Si votre revers lifté manque vraiment... de lift*

Vous faites peut-être partie de cette catégorie de joueurs qui tentent des revers liftés et, sans bien s'en rendre compte, effectuent

Thierry Tulasne est un spécialiste des coups liftés. Remarquez comment il a bien plié les genoux et baissé la tête de raquette en s'aidant de la main gauche.

des revers tout juste recouverts. Ceux-ci peuvent d'ailleurs, dans un premier temps, s'avérer suffisants : à condition de posséder un bon contrôle de balle, vous serez capable d'effectuer d'excellents changements de rythme et de bons passing-shots, notamment courts et croisés.

Mais si vous ne sentez pas bien ce coup seulement recouvert, vous devrez apprendre à réellement lifter. Cherchez à bien intégrer à votre jeu un mouvement d'élévation de la raquette par un mouvement à la fois vertical et violent du poignet.

Le revers à deux mains

Lorsqu'on parle du jeu à deux mains, on ne songe pas naturellement au coup droit, beaucoup plus rare. Le revers, lui, est beaucoup plus fréquent dans le tennis moderne, et les meilleurs joueurs et joueuses en donnent tous les jours l'exemple. Qu'il soit exécuté d'instinct par le joueur dès son plus jeune âge ou adopté plus tard en toute connaissance de cause, le revers à deux mains suppose une adaptation à la fois technique et tactique.

- *Si, avec votre revers à deux mains,*
vous devez vous contenter de « contrer »

Il arrive souvent aux joueurs à deux mains de se retrouver « bloqués » par des balles profondes et ils doivent se contenter d'effectuer une sorte de petit contre court et sec. Si c'est votre cas, êtes-vous bien sûr de donner à votre geste l'ampleur qu'il réclame ?

Dans un premier temps, revoyez-donc le mouvement, astreignez-vous à de longues gammes face à une machine ou à un renvoyeur quasi inlassable qui consentira à vous faire jouer sans relâche ce type de coup. N'oubliez surtout pas ce point essentiel : votre coup doit se terminer les deux bras tendus.

- *Si votre revers à deux mains est toujours trop court*

Si cela se produit trop régulièrement, c'est sûrement que vous vous contentez d'une petite opposition. Pour obtenir longueur et puissance, suivez ces trois conseils : accentuez la rotation des épaules dans la préparation en tendant vos deux bras le plus tôt possible à la fin de la préparation ; ne vous relevez pas, conservez une flexion des jambes ; gardez les deux bras allongés devant vous en fin de mouvement. C'est l'extension des jambes qui diminue la puissance du coup et donne un lift trop court, évitez-la ou, en tout cas, retardez-la.

Le revers à deux mains suppose un placement très précis et aussi un accompagnement ample, illustré par le Suédois Anders Jarryd.

• *Si vous avez du mal à jouer à deux mains lorsque vous êtes loin de la balle*

Vous éprouvez ce type de difficulté lorsque vous êtes déporté latéralement ? Il vous faut travailler votre revers à une main et, surtout, vous assurer que vous avez une bonne prise. Si vous avez du mal, même sur des balles qui ne présentent pas vraiment de problèmes, c'est alors votre jeu de jambes qui est déficient.

Vous n'êtes peut-être tout simplement pas fait pour le revers à deux mains... Les joueurs qui adoptent le revers à deux mains doivent en effet se montrer très rapides, très véloces, en même temps que très souples de la tête et des épaules. Si ce n'est pas votre cas, vous avez tout intérêt à voir du côté du revers à une main.

• *Si vous ratez souvent votre revers à deux mains sur les balles basses*

Lorsque vous arrivez en bout de course sur une balle basse et que vous vous sentez « embarqué » vers le filet, il existe un moyen simple de vous en sortir : lâchez la main gauche (pour un droitier) plus tôt, légèrement après la frappe, ou même encore un peu avant. N'oubliez pas, au passage, de vérifier votre prise de revers : c'est indispensable pour un bon contrôle.

● *Si vous ne parvenez pas à effectuer des approches coupées*

Si tant de joueurs actuels ont adopté le revers à deux mains, c'est pour mieux lifter. On les voit avec des poignets cassés et une tête de raquette très basse, en dessous des poignets. Par contre, si vous souhaitez réaliser un coup d'approche coupé pour le suivre au filet, vous devez impérativement conserver votre tête de raquette plus haute que les poignets, et cela pendant tout le mouvement. A la fin du geste, elle aura le même angle par rapport au bras, mais elle sera horizontale au lieu d'être verticale.

Et puis, si vous arrivez un peu en retard sur ce coup d'approche, n'hésitez pas, jouez-le à une main.

● *Si votre revers à deux mains n'avance pas assez vite*

Les joueurs à deux mains ont en général choisi ce coup lorsqu'ils étaient enfants ou parce qu'ils ne possèdent pas, plus tard, assez de force dans les poignets. Ils s'aident certes de la main gauche, mais, au cours de la préparation, laissent souvent la tête de raquette excessivement basse.

Si c'est votre cas, apprenez donc à faire un revers classique à une main, puis, ensuite, essayez avec le renfort de l'autre main de faire décrire le même mouvement à la raquette sans qu'elle descende exagérément en dessous des poignets.

Si vous avez pris soin de bien allonger les bras, vous pourrez alors frapper fort et donner de la vitesse à la balle.

La volée

La volée est une arme indispensable si vous voulez vraiment posséder un jeu complet et prendre encore plus de plaisir sur le court. Mais venir finir un point au filet – par une volée haute, la plus classique, par une volée basse, la plus délicate – ou encore préparer la conclusion du point par une volée d'approche, cela suppose de respecter quelques grands principes. Parce que les fautes possibles sont aussi nombreuses qu'en fond de court.

● *Si vous ne parvenez vraiment pas à jouer vos volées devant vous*

Vous êtes souvent contraint de jouer en retrait de votre épaule droite parce que vous vous laissez déborder par des balles qui ne sont pas très rapides ? Sans doute, ne vous placez-vous pas dans la bonne position : jambes écartées et fléchies, buste incliné. Le poids du corps porté sur les pieds, vous devez vous trouver pratiquement à la limite du déséquilibre. Ensuite, à la lecture de la trajectoire de la balle, vous orienterez votre déplacement vers la droite ou vers la gauche, cette action des jambes vous ayant de toute façon fait gagner un précieux terrain.

Il est probable également que vous ne faites pas assez anticiper votre raquette vers l'avant parce que vous la tenez trop bas. Lorsque vous amorcez votre mouvement, en tournant les épaules, elle « part » vers l'arrière dans un geste exagéré de préparation : à éviter absolument.

● *Si vos volées d'approche sont presque toujours trop longues*

La tactique de base recommande de jouer les volées basses longues et en général sur le revers de l'adversaire. Certains joueurs possédant une bonne technique l'appliquent correctement. Mais ils redoutent tellement le passing-shot de leur adversaire qu'ils tentent de placer leur volée très près de la ligne de fond. Ils commettent alors de nombreuses erreurs, car ils ne contrôlent pas vraiment la balle.

Si c'est votre cas, n'hésitez pas à couper franchement ces volées. Au départ, elles seront peut-être un peu courtes. Mais un geste sec, vif, accéléré, du poignet et de l'avant-bras imprimera à la balle une trajectoire basse et renforcera votre sécurité par rapport à un éventuel passing.

● *Si vous relâchez votre poignet sur votre volée de revers*

C'est une erreur fréquente chez bien des débutants. Si c'est votre cas, entraînez-vous à plier les jambes et à baisser la main à hauteur de la balle pour, précisément, ne pas baisser la tête de raquette. Ainsi, votre poignet demeurera ferme.

● *Si vous avez tendance à donner un effet lifté à vos volées*

C'est sûrement que, comme de nombreux joueurs, vous voulez volleyer trop fort. Si vous voulez frapper plat, votre volée sort le plus souvent. Alors, pour raccourcir la trajectoire et éviter les erreurs, vous donnez un petit coup de poignet pour rechercher un peu de lift.

Pour corriger ce qui est un défaut, coupez assez franchement la balle avec une préparation effectuée au-dessus du niveau où vous allez frapper cette balle. Ainsi, vous serez obligé de faire un mouvement descendant et vous obtiendrez naturellement un effet coupé.

Pour réussir une bonne volée basse, comme ici Henri Leconte, il faut d'abord, et avant tout, être capable d'effectuer une course en flexion.

● *Si, à la volée, votre tendance est de jouer trop long*

La correction n'est pas trop difficile. Préparez plus haut et fermez un peu l'angle de votre raquette, cela devrait déjà aller mieux. Peut-être, aussi, jouez-vous en vous « grandissant » alors que la frappe pourrait être réalisée sur un pas et, au contraire, en vous « groupant » pendant l'accompagnement du coup.

● *Si vos volées basses atterrissent un peu trop souvent dans le filet*

La course en flexion est l'une des choses les plus importantes du répertoire du volleyeur. Et vous n'êtes peut-être pas assez fort physiquement pour l'exécuter comme il convient. Alors, entraînez-vous à courir les jambes pliées. Ce n'est pas facile : si vous n'y parvenez pas, essayez d'effectuer une grande fente en flexion et jouez votre volée le plus en avant possible.

Enfin, pendant l'accompagnement de cette volée jouée en avant, vous veillerez à vous relever lentement en ouvrant le tamis de la raquette.

● *Si vous ne parvenez pas à volleyer court et croisé*

Une fois encore, frappez beaucoup plus en avant de vous. Rapprochez-vous de la trajectoire de la balle et prenez franchement appui sur votre pied droit (pour un droitier). Vous pourrez donc frapper plus en avant puisque vous serez plus près de la balle.

Pendant l'accompagnement, ramenez bien votre bras près du corps en avançant sur un pas dans la direction souhaitée.

● *Si votre volée haute ne possède presque aucune puissance*

La puissance supplémentaire, vous la trouverez d'abord grâce à un maniement de raquette plus aisé. Relâchez légèrement le poignet en le faisant avancer vers la balle. Contractez vos muscles et serrez votre raquette seulement à l'impact. De plus, pour donner encore plus de puissance, de l'impact avec la balle à la fin du mouvement, ramenez votre coude devant vous : cela donnera un aspect « compact », énergique, à votre coup.

Les joueurs et joueuses qui rencontrent ce manque de puissance négligent trop souvent la musculature du haut du corps, et celle-ci se révèle trop faible pour cet effort de la volée.

Le jeu service-volée

Avec le développement des surfaces plus rapides, suivre son service au filet n'est plus l'apanage des meilleurs. Ce doit être au contraire une tactique à laquelle chacun doit pouvoir au moins s'essayer.

● *Si vous arrivez toujours trop tard au filet*

Vous jouez systématiquement votre première volée loin du filet ? Cherchez la cause du côté de l'enchaînement entre la fin de votre geste de service et le début de votre course qui ne doit pas être vraiment bon.

Peut-être n'êtes-vous pas assez incliné et déséquilibré vers l'avant. Ou encore vos jambes ne sont pas assez solides pour « pousser » avec vélocité sur le déséquilibre du corps.

Dès que vous avez frappé votre service, ne pensez plus, dans un premier temps, qu'à la rapidité de votre course sans trop vous soucier de votre volée ou de votre adversaire.

- *Si vous êtes fréquemment pris à contre-pied*

C'est un défaut assez courant, notamment chez les joueurs plutôt grands qui manquent de souplesse dans les chevilles et dans les jambes. Ce peut être aussi un manque de force. À l'entraînement, insistez entre les volées sur une attitude excessivement basse et fléchie.

Ensuite, en compétition, vous tenterez de prendre la même position en forçant votre flexion un peu avant la frappe de l'adversaire. Vous devrez, en vous y entraînant sérieusement, arriver à le réussir en pleine vitesse et, si possible, au-delà de la ligne de service.

N'oubliez pas que l'objectif prioritaire est de franchir cette zone en quelque sorte interdite au volleyeur qui se situe avant la ligne de service et immédiatement après celle-ci.

- *Si, après vos premières volées,*
vous vous faites presque toujours lober

Si vous faites partie de ces joueurs qui se font lober après leurs premières volées, c'est que vous les jouez trop loin du filet et que vous cherchez ensuite à regagner le temps perdu par une course très rapide. Leurs adversaires ne manquent pas, s'ils ont un peu d'expérience, de sentir qu'à ce moment-là ils sont en pleine vitesse et ils « ajustent » tranquillement leur lob.

Vous devez donc rechercher une course plus rapide au départ, vers le filet, en imprimant éventuellement de l'effet (lift ou slice) à votre service, ce qui vous laissera plus de temps pour vous approcher du filet.

- *Si, monté vite au filet, vous ne voyez pas partir la balle*
de votre adversaire

Bien des débutants connaissent ce problème. Persévérez, continuez à faire les choses comme elles doivent être faites : courez vite vers le filet mais entraînez-vous à voir la balle alors que vous êtes en train de courir. Ce n'est pas évident. Mais ne tombez surtout pas dans le défaut des joueurs qui, après une ou deux foulées, s'arrêtent pour voir dans quelle direction frappe leur adversaire.

Au fond, vous ne commettez peut-être que l'erreur de vous concentrer plus sur le coup de raquette de votre adversaire que sur la balle elle-même. C'est pourtant la balle que vous allez devoir jouer...

La demi-volée

Cela peut paraître paradoxal, mais le grand principe que vous devriez respecter c'est de ne jamais avoir à jouer de demi-volée. Mais comme vous y serez contraint à un moment ou à un autre, face à un adversaire ou à un autre, vous devrez redoubler d'attention pour éviter les « pièges » de ce coup particulier.

- ● *Si votre demi-volée n'a pratiquement aucune efficacité*

La demi-volée, c'est d'abord un coup qui doit raser le filet et ne pas rebondir très haut. Il est probable que vous frappez la balle en vous relevant, avec un coup de poignet, et que sa trajectoire est ainsi beaucoup trop haute.

Essayez donc, coûte que coûte, de rester en flexion et d'effectuer le mouvement le plus horizontal possible. Peut-être pouvez-vous même y ajouter un petit effet latéral en rapprochant le bras du corps : comme on dit, cela ne peut pas faire de mal.

- ● *Si vous perdez plus ou moins le contrôle de votre demi-volée.*

Vous le savez, c'est un coup difficile, et vous ne vous y entraînez pas suffisamment pour la bonne raison que vous avez bien l'intention de l'éviter en cours de match.

Si vous devez continuer à faire le moins possible de demi-volées en match, vous pouvez très bien les travailler à l'entraînement, sur le court ou au mur.

- ● *Si votre demi-volée reste rarement dans le court*

Vous avez sans doute tendance à effectuer un coup « normal ». Vous devez au contraire jouer votre demi-volée en vous imaginant qu'il s'agit d'une volée, c'est-à-dire bien en avant et en « poussant ».

Votre technique doit donc s'inspirer de celle de la volée, en y ajoutant même une sorte de mouvement de « piston » du coude vers l'avant.

- ● *Si votre demi-volée est vraiment trop lente*

L'objectif n° 1 d'une demi-volée, ce n'est pas la rapidité, mais bien plutôt la précision. Songez d'abord à assurer une balle longue et qui soit rasante par rapport au filet.

Si vous parvenez à ce résultat, c'est évidemment en prenant un petit risque. Mais votre balle sera déjà suffisamment rapide et aura un rebond déjà assez bas pour obliger votre adversaire

UN PROBLEME, UNE SOLUTION

L'attitude d'Hana Mandlikova est remarquable d'équilibre, encore qu'elle illustre ici un coup qui n'est pas vraiment à recommander, à savoir la demi-volée de fond de court.

à un jeu de jambes difficile. À vous ensuite de vous placer en bonne position, à 2,50 ou 3 mètres du filet, pour anticiper le passing qui va suivre.

Ne perdez pas de vue que la demi-volée ne prend pas place dans votre jeu – en général à votre corps défendant – pour réussir des points gagnants, mais pour préparer dans les meilleures conditions la volée suivante.

Le smash

Inutile sans doute de vous préciser que, si vous pratiquez un tennis offensif, le smash est une arme indispensable, voire l'arme absolue. Il doit être décisif – ou, en tout cas, joué dans l'esprit de l'être – et il réclame à la fois puissance et sens du placement. C'est dire que, pour le smash après rebond comme pour le smash de volée, les fautes peuvent être nombreuses, même si vous possédez la technique de base du coup.

● *Si vous hésitez constamment entre le smash de volée et le smash après rebond*

Le principe est simple : les balles qui viennent de très haut et retombent perpendiculairement doivent être smashées après rebond.

Ce choix fondamental vous permet de mécaniser une bien meilleure technique puisque vous disposez de plus de temps.

Ensuite, lorsque vous l'aurez bien assimilée, c'est une bonne connaissance de vous-même et votre expérience qui vous permettront à chaque fois de décider.

● *Si vous « boisez » souvent votre smash de volée*

Il n'est peut-être pas absolument nécessaire de rechercher l'origine dans une faute technique. Peut-être votre geste est-il correct, voire même excellent, mais, tout bêtement, vous perdez votre coordination en sautant.

Le smash est, en effet, l'un des exercices les plus athlétiques à réaliser sur un court de tennis. Travaillez donc sérieusement votre physique et imposez-vous tous les exercices qui réclament une grande coordination.

● *Si vous manquez de puissance lorsque vous êtes obligé de reculer pour smasher*

La cause première de cette faiblesse est très certainement un manque d'accélération du poignet. Cette accélération doit vous être procurée par une meilleure synchronisation de votre boucle.

Attention, plus vous frappez fort, plus vous devez avoir un bon coup d'œil afin de bien centrer la balle.

Enfin, lorsque vous vous élevez, laissez donc avancer un peu, mais pas trop, votre épaule vers l'endroit où vous désirez placer la balle.

Le retour de service

Un seul problème pour ce coup si important qu'est le retour de service ? C'est bien sûr parce que bon nombre de conseils concernant le coup droit et le revers s'appliquent très directement au retour de service. Et aussi parce que le grand principe – avancer sur la balle – vaut pour le retour de service comme pour les autres coups de fond de court.

● *Si votre retour est vraiment trop lent*

Votre retour, pour parler familièrement, « va à deux à l'heure » ? Vous faites partie de ces joueurs qui n'arrivent pas à donner de la vitesse à la balle lorsqu'ils tentent de décroiser leur retour. Attaqués sur leur revers, et décidant alors de jouer en coup droit, ils ne parviennent pas à mettre tout le poids du corps dans cette balle.

Dégagez-vous largement sur la gauche de la balle (pour un droitier, bien sûr) avant de réavancer sur elle. Ensuite, n'hésitez pas à frapper très fort et sans imprégner beaucoup d'effet.

L'amortie

Le choix du moment le plus opportun est essentiel pour n'importe lequel des coups évoqués ici, mais il est sans doute plus important encore lorsqu'il s'agit de tenter une amortie. L'effet de surprise est, en effet, primordial : si votre adversaire devine votre intention, c'est déjà plus ou moins compromis. Autant dire que l'amortie est une arme à n'utiliser qu'à bon escient... même si vous possédez un toucher de balle exceptionnel.

● *Si vos amorties montent si haut*
qu'elles ne sont plus tout à fait des amorties

Si votre amortie monte trop haut, c'est probablement que votre frappe de balle n'est pas assez franche.

Commencez, à l'entraînement, par des exercices particuliers : améliorez votre revers coupé en lui donnant une certaine vitesse horizontale. Petit à petit, vous raccourcirez la trajectoire en donnant plus d'effet, et cela par un mouvement plus sec au moment de l'impact.

Vous aurez sans doute du mal, au moins au début, à expédier votre balle à l'intérieur des carrés de service, mais, en travaillant, vous parviendrez progressivement à imprégner cet effet violent dans un bon rythme.

Pour y parvenir encore plus sûrement, après la frappe de balle et lorsque votre raquette aura parcouru environ 40 ou 50 centimètres, vous pourrez effectuer une sorte de mouvement de « rétro » de l'avant-bras pour ramener cette raquette vers vous.

Chaque fois que Chris Evert-Lloyd effectue une amortie,
son adversaire peut penser qu'il s'agit d'un coup droit « normal ».
Cet effet de surprise est fondamental pour ce coup particulier.

Le lob

En défense bien sûr, mais aussi en attaque, en simple comme en double, le lob est un grand coup du jeu. Celui qui vous permet de passer votre adversaire ou, en tout cas, de le renvoyer au fond du court, ou pour le moins de lui imposer un sérieux effort physique. Et si vous apprenez à lifter votre lob, c'est encore mieux.

● *Si vous ne parvenez pas à lifter votre lob*

La raison principale de cette difficulté à lifter votre lob, notamment si vous jouez votre revers à deux mains, est une mauvaise prise de revers avec la main droite (pour un droitier), généralement une prise fermée de coup droit. Avec ce type de prise, il est difficile d'imprimer l'effet lifté même lorsque la main gauche aide à recouvrir la balle. En effet, le mouvement des poignets doit d'abord être vertical pendant le « brossé » de la balle, et une prise fermée de coup droit devient alors tout à fait inconfortable.

Si c'est votre cas, adoptez rapidement une bonne prise de revers. Elle vous apportera, en plus, un avantage qui n'est pas des moindres : si vous êtes loin de la balle, et plutôt mal placé, il vous sera alors possible de lâcher la main gauche et de lober à une main.

Le passing

Comme pour le retour, les conseils valables d'une façon générale pour le coup droit et le revers s'appliquent au passing-shot. Les conseils spécifiques touchent au replacement qui devient essentiel... lorsque le premier passing-shot n'a pas été victorieux.

● *Si, après un premier passing-shot lifté,*
vous êtes très souvent battu

Vous êtes comme de nombreux joueurs qui, un peu lents dans l'enchaînement frappe-replacement, se laissent surprendre par des volées qui ne devraient pas les gêner outre mesure.

L'erreur, c'est de jouer des coups « détachés ». Entraînez-vous, au contraire, à jouer votre passing-shot avec un accompagnement beaucoup plus rapide que pour un coup normal de fond de court.

Votre replacement doit être pratiquement amorcé entre la frappe de balle et la fin du mouvement. Ceci par un démarrage ou, au moins, un transfert d'équilibre qui vous permettra d'être déjà lancé pour avancer et réduira la distance à parcourir pour atteindre des volées qui sont le plus souvent croisées. À vous ensuite de réussir un second passing-shot ou un lob.

• *Si vous ne parvenez pas à obliger votre adversaire à jouer des volées basses*

En somme, votre passing ne redescend pas assez après avoir franchi le filet, il ne « plonge » pas. Vraisemblablement, vous ne baissez pas assez franchement votre tête de raquette en dessous de la balle. Pour y parvenir, vous pouvez essayer trois choses en même temps : allongez bien votre bras lorsqu'il se trouve encore derrière ; cassez un peu le poignet en relâchant la tête de raquette vers le bas ; fléchissez nettement les jambes.

Vous verrez que votre adversaire sera contraint d'effectuer des volées basses et que cela ne lui fera pas vraiment plaisir...

Yannick Noah est l'un des meilleurs serveurs du monde. Mais il continue à travailler sans relâche cette arme essentielle qu'est son service.

L'ENTRAÎNEMENT, CLÉ DE VOÛTE DU TENNIS DE COMPÉTITION

La technique et la tactique sont indissociables, je l'ai dit et répété. Et je ne les ai séparées en deux grands chapitres que pour une meilleure compréhension. L'entraînement et la compétition, autre tandem indissociable, permettront d'en réaliser la fusion.

L'entraînement, cela commence par une bonne hygiène de vie, une alimentation adaptée. J'évoque rapidement quelques principes diététiques simples, étant entendu qu'il existe suffisamment de livres consacrés entièrement au sujet. Quelques notions concernant les soins du joueur de tennis ne sont sans doute pas inutiles : les « bobos », les ennuis musculaires, tendineux ou ligamenteux, cela n'arrive pas qu'aux autres. Certains sont liés spécifiquement à la pratique du tennis, d'autres peuvent être évités assez facilement en prenant quelques précautions.

Il existe réellement un entraînement physique propre au joueur de tennis : lisez attentivement ce chapitre pour mieux organiser votre préparation, en fonction de votre niveau ou de votre âge entre autres.

En ce qui concerne l'entraînement tennis, je vous livre quelques séries d'exercices très simples et utiles à tous les niveaux. Certains peuvent être travaillés à plusieurs sur le même court, ce qui rend l'entraînement plus gai, plus joyeux, qualités qui lui sont nécessaires.
Bien sûr, je n'indique pas les mille variantes de chaque exercice. Votre imagination (ou votre entraîneur) les choisira pour mieux les adapter aux buts précis que vous recherchez. Le principal est d'obtenir des joueurs les automatismes indispensables.

LES SOINS DU JOUEUR DE TENNIS

Une bonne préparation commence par une bonne hygiène de vie, dont le principal élément est constitué par l'alimentation (donc un appel aux notions de diététique), mais aussi par le temps de sommeil, etc. Bien jouer au tennis, c'est d'abord prendre soin de soi, de sa santé, de sa forme physique. C'est aussi prévoir ou, le cas échéant, réparer les ennuis musculaires, tendineux, ligamenteux qui peuvent survenir. Je les passe ici en revue succinctement.

L'alimentation

Ce que l'on peut dire d'abord, c'est que la qualité de l'alimentation ne peut en aucun cas pallier un entraînement défaillant : seuls, une pratique régulière et un entraînement rationnel peuvent conduire le joueur à progresser.

Cette alimentation, d'ailleurs assez peu différente en période d'entraînement ou en période de repos, doit être bien répartie au cours de la journée avec 4 (ou même 5) repas par jour.

Le petit déjeuner est trop souvent négligé. L'organisme a pourtant besoin de ressources énergétiques pour fonctionner de manière correcte et le petit déjeuner devrait représenter 20 à 25 % de la ration calorique journalière. C'est dire qu'aux boissons classiques (café, thé), il convient d'ajouter un jus de fruits et un apport protidique (tranche de jambon, blanc de poulet, œuf à la coque ou cuit).

Le déjeuner doit lui aussi constituer un repas à part entière, ce qui n'est pas forcément le cas avec la mode sandwich ou « fast food ». A éviter toutes les sauces, les graisses, les pâtisseries et, bien sûr, l'alcool. Evitez également de trop boire pendant les repas (mais buvez beaucoup entre), ce qui ralentit la digestion.

Le goûter, tout comme l'éventuel « en-cas » pris à 11 heures du matin, se présente comme une période de pause et la possibilité de s'alimenter légèrement à nouveau.

Le dîner ne doit pas être excessivement copieux et sa composition peut dépendre de celle du déjeuner.

En période d'entraînement, et répartie entre quatre repas, l'alimentation doit faire face à un besoin calorique habituellement

La déshydratation menace le joueur de tennis : comme Jimmy Connors, il faut boire suffisamment, et cela dès le début du match.

situé entre 3 000 et 3 500 calories. Il existe cependant des variations individuelles importantes et il faut, avant tout, rechercher un équilibre que vous ressentirez personnellement. Cette rigueur diététique, indispensable au joueur de compétition, doit être un modèle – pas toujours facile à respecter – pour le joueur de club. Le besoin calorique de ce dernier est évidemment moindre.

En compétition, l'heure et la durée variables des matches, deux caractéristiques bien connues du tennis, posent des problèmes particuliers. La règle d'or est de prévoir 3 heures entre le repas « pré-compétitif » et le début de la compétition. Si l'attente se prolonge, mangez des fruits secs, des gâteaux secs ou encore des aliments énergétiques comme il s'en vend dans le commerce. Si, au contraire, vous êtes « piégé » par un match qui débute plus tôt que prévu, donc moins de 3 heures après le dernier repas, vous devrez vous échauffer encore plus soigneusement dès que vous serez averti de ce changement.

Pendant le match, vous êtes surtout menacé, nous le verrons plus loin, par la déshydratation qui provoque une baisse de rendement immédiate. Vous devez boire, à chaque changement de côté, l'équivalent d'un grand verre d'eau.

Après le match, le but de l'alimentation est de recharger l'organisme et, là encore, il faut boire suffisamment.

Les ampoules

C'est le type même du petit « bobo » qui peut tout gâcher. Elles surviennent aux points de frottement que sont le manche de la raquette et la chaussure, donc à la main et au pied.
Elles guérissent spontanément entre 5 et 10 jours, mais, évidemment, mieux vaut prévenir que guérir. Voici quelques « trucs » simples :
– le manche de la raquette ne doit être ni trop gros ni trop petit, le grip de bonne qualité ;
– les chaussures, elles aussi, doivent être bien adaptées. Pas de chaussures neuves pour un match ;
– deux paires de chaussettes, c'est très utile aussi. Tout comme des habitudes d'hygiène, notamment pour les pieds, ou encore des protections (sparadrap, etc.) aux points sensibles, surtout en début de saison.

Les claquages

Cet accident musculaire survient volontiers, si l'on peut dire, aux alentours de la quarantaine.

Il peut être minime et le joueur, bien que diminué, est alors tenté de poursuivre le jeu, mais en vain. Il peut être majeur et, là, même la marche est impossible.

L'accident est banal et peut le demeurer, à condition de respecter certaines règles : application de froid dès l'arrêt de jeu, utilisation de cannes anglaises tant que la marche est douloureuse, emploi d'anti-inflammatoires pendant 7 à 10 jours.

On peut habituellement entamer la rééducation au dixième jour, reprendre la course entre 4 et 6 semaines après. Selon la gravité, le retour sur le terrain se fait entre le premier et le troisième mois après l'accident.

À éviter absolument : l'application de chaleur après l'accident ; le massage après l'accident ; la marche forcée qui empêche une bonne cicatrisation ; la prise d'aspirine ; la partie test « pour voir si ça tient » : un bon moyen pour se blesser à nouveau, ce qui double les délais de récupération.

Les coups de soleil

Cela peut paraître bénin, ordinaire même en été, mais peut devenir grave pour certaines peaux sensibles.

Pour les peaux fragiles, surtout en début de saison, il faut utiliser des crèmes filtrantes dont l'indice de protection peut, suivant les cas, aller jusqu'à « l'écran total ».

Si vous avez attrapé un « bon » coup de soleil, arrêtez toute exposition pendant un ou deux jours.

Si le soleil provoque des réactions anormales (proches de l'urticaire ou de l'eczéma), vous devez rechercher la cause du côté des produits que vous absorbez ou avec lesquels vous êtes en contact : savons et détergents contenus dans les lessives, parfums, traitements locaux pour des affections comme l'acné, de nombreux médicaments.

Les crampes

Même s'il ne s'agit que d'un mauvais fonctionnement du muscle, cela peut faire hurler. Pour prévenir les crampes, il est bon de vérifier la statique des membres inférieurs : un déséquilibre léger n'a rien de gênant, mais cela peut le devenir au fil des heures passées sur le terrain. Et il faut aussi surveiller sa diététique.

Pour la faire passer sur le terrain, il n'y a guère de solution, sinon étirer le muscle contracturé et... attendre que ça se passe.

La déshydratation

Lorsqu'un joueur perd des kilos – cela peut aller de 2 à 5 pour les matches – marathon –, il s'agit principalement d'une perte d'eau. Et la perte d'efficacité est immédiate : de 8 à 10 % pour une perte de 0,7 kg, de 15 à 20 % pour une perte de 1,4 kg, de 30 à 40 % pour une perte de 2,8 kg.

Trop de joueurs et de joueuses se laissent abuser par la sensation de soif, avertissement trop tardif de la déshydratation. En somme, il faut boire avant d'avoir soif. Ne buvez pas de boissons glacées. Privilégiez l'eau plate.

Une belle image sportive : Henri Leconte, victime d'une entorse, est secouru par son adversaire du jour, Ivan Lendl.

Les élongations

C'est le plus fréquent et, heureusement, le plus bénin des accidents musculaires. Les régions « préférées » sont en général les muscles postérieurs de la cuisse ou encore les adducteurs, très sollicités en tennis.

La prévention peut prendre plusieurs formes :

– La préparation musculaire quotidienne : cette « hygiène » est indispensable, même si elle ne dure que quelques minutes.

– L'échauffement : jamais un match de tennis ne doit être abordé sans un échauffement « statique » (dans les vestiaires) et « dynamique » (footing léger et assouplissements).

– Le choix de chaussures qui assurent une bonne statique des pieds.

– L'hygiène générale de vie : l'élongation est souvent l'expression locale d'une fatigue générale.

Le traitement est commun à celui des autres accidents musculaires : glace le plus tôt possible ; repos indispensable de 2 à 8 jours ; éventuellement, anti-inflammatoires ; rééducation.

Les entorses

L'entorse n'est pas particulière au tennis, mais on en voit beaucoup, à tous les niveaux. Elle concerne le plus souvent le ligament externe, plus rarement le ligament interne.

En dehors de causes fortuites (marcher sur une balle, se bloquer le pied sur une irrégularité du terrain, basculer son pied sur les terrains durs), l'entorse peut provenir de la fatigue accumulée au cours d'un match ou au fil de plusieurs matches successifs.

Le traitement dépend de la gravité de l'entorse, mais il doit être soigneux : minime mais mal soignée, elle devient le « lit » propice à de nombreuses récidives.

L'application de glace est immédiatement utile. Ensuite, un avis médical est nécessaire pour déterminer la gravité.

Entorse légère : rééducation immédiate, bandage, physiothérapie, anti-inflammatoires. La reprise est autorisée dans un délai de 10 à 15 jours.

Entorse grave : traitement plâtré ou traitement chirurgical. La rééducation est indispensable et la reprise ne peut guère s'effectuer avant 3 mois.

La fatigue

Seulement quelques mots pour dire qu'il est possible de reculer le seuil de la fatigue sans tricher, c'est-à-dire sans se doper.

Et cela, en utilisant les produits énergétiques, dits encore « produits de l'effort », qui ont foisonné ces dernières années. Ils sont notamment destinés à fournir à l'organisme les vitamines B1 qui jouent un rôle dans la combinaison des sucres et les vitamines B6 qui améliorent le métabolisme musculaire.

Présentés sous diverses formes – tablettes, comprimés, bouteilles, sachets, boîtes, galettes –, ces produits contiennent tous de l'eau en grande quantité. Et l'on sait l'importance de la réhydratation dans l'effort.

Le mal de dos

Le tennis, avec ses mouvements en torsion et en force, semble tout naturellement destiné à provoquer ce mal de dos.

La seule prévention consiste à... imiter les champions, ce qui va tout à fait dans le sens de ce livre. Il existe chez eux une totale synchronisation des épaules et du bassin à chaque phase du mouvement : à la préparation, à la frappe, pendant l'accompagnement, la ligne des épaules est pratiquement toujours à peu près parallèle à la ligne du bassin, que ce soit en coup droit ou en revers. Il ne faut donc pas confondre rotation et torsion.

Un conseil : ne pensez pas aux épaules, mais prenez bien soin de toujours tourner votre corps à partir du bassin en maintenant vos jambes fléchies. Les épaules tourneront en même temps, « automatiquement » en somme, et vous n'infligerez pas de torsion dangereuse à votre colonne. Votre tennis s'en trouvera ainsi amélioré...

Les mycoses

Rien de terrible mais plutôt gênant, cet ennui touche le pied du joueur, soumis, on le sait, à bien des tensions.

Dans le langage courant, on parle de champignons...

Pour les prévenir : se sécher soigneusement les pieds après la douche, en insistant sur les espaces interdigitaux ; utiliser sur la peau ainsi que dans les chaussettes et chaussures une poudre spéciale en vente dans le commerce.

Le tennis-elbow

C'est le « mal » par excellence du joueur de tennis.

Dans 90 % des cas, on retrouve à l'origine un problème de matériel (raquette mal choisie, grip médiocre, cordage « fatigué »), un défaut technique (il accentue l'extrême sollicitation de l'articulation du coude dans notre sport), ou une surcharge d'entraînement (une augmentation brutale des heures de jeu, un manque de dosage ou encore... un stage « attaque » sans préparation). L'âge aussi joue un rôle.

L'épicondylite – c'est le nom scientifique pour le tennis-elbow – se manifeste par l'apparition progressive d'une douleur qui finit par empêcher de jouer au tennis et rend même pénibles certains gestes de la vie quotidienne.

Les traitements sont très nombreux : le repos bien sûr, complet ou relatif ; la physiothérapie ; le massage transverse profond ; les techniques de kinésithérapie ; le froid ; les manipulations ; l'acupuncture ; les infiltrations ; la mésothérapie ; la mannétothérapie ; le laser ; et enfin, la chirurgie.

C'est dire que le problème n'a pas encore été vraiment maîtrisé. Aussi, ce qui intéresse sans doute plus le joueur atteint de tennis-elbow, c'est la réponse à deux questions : Peut-on jouer avec un tennis-elbow ? Quand reprendre après un tennis-elbow ?

Si la douleur n'est que modérée, si elle est apparue récemment, vous pouvez sans doute continuer à pratiquer le tennis d'une façon à peu près satisfaisante. Comme nous l'avons déjà dit, penchez-vous sur votre matériel, appliquez éventuellement une contention de l'avant-bras à l'aide d'un bracelet spécial, effectuez des glaçages après chaque partie, diminuez votre temps de jeu. Il y a des chances que les phénomènes s'estompent...

Si ce n'est pas le cas, si la douleur devient violente, le tennis est évidemment impossible. Vous pouvez, dans un premier temps, utiliser des techniques spécifiques et suivant le diagnostic porté par le médecin – manipulations cervicales, anti-inflammatoires, massages transverses profonds, physiothérapie – en y adjoignant des techniques de soins comme l'acupuncture, le champ magnétique, la mésothérapie, le laser.

Si vous n'avez plus mal – par exemple dans certains gestes de la vie courante – et si vous avez repris le tennis prudemment, vous pouvez au bout de deux mois considérer votre tennis-elbow comme un accident du passé.

Lorsque vous avez suivi un traitement, lorsque la douleur a

disparu, mieux vaut, malgré votre impatience, observer quelques précautions du moment de la reprise.

Ne négligez pas le choix du matériel : un cordage plutôt détendu, des balles un peu usagées, ce sera moins violent pour votre coude. Porter un bracelet « anti-tennis-elbow » ne peut pas vous faire de mal et peut même vous apporter un certain confort.

De toute façon, une rééducation s'impose après une longue période d'arrêt et l'emploi de thérapeutiques plus ou moins agressives. Certains exercices spécifiques, des étirements, vous permettront de muscler à nouveau ce bras qui a trop peu servi.

En l'absence de récidive douloureuse, vous avez donc le feu vert pour reprendre le tennis. Une période de réadaptation est nécessaire. Ne choisissez pas d'emblée un tournoi trop difficile, un partenaire trop coriace, préférez un terrain relativement lent pour bien retrouver vos sensations. Privilégiez le coup droit dans les premiers échanges, ne passez au service et au revers qu'au bout de quelques séances, courtes évidemment.

Si la douleur ne revient pas, augmentez progressivement la dose de tennis pour rejouer « normalement » dans un délai de 3 semaines environ. Et puis, si vous allez trop vite, si vous avez besoin de vous freiner, souvenez-vous : la récidive est le problème majeur.

LA PRÉPARATION PHYSIQUE

Contrairement aux idées qui ont parfois couru dans le passé, le tennis exige beaucoup de qualités physiques, sinon toutes. Les qualités organiques que sont l'endurance et la résistance. Les qualités d'exécution que sont la vitesse, la souplesse et la force.

La détente, elle, est en fait le résultat des quatre qualités suivantes : vitesse, force, souplesse et coordination.

La coordination – l'habileté gestuelle – est une qualité spécifique du sport considéré. Elle se développe par le travail technique, par l'entraînement, et également par la pratique d'autres sports.

Les qualités organiques

L'endurance permet d'effectuer un travail de faible ou de moyenne intensité sans baisse d'efficacité. Le renforcement de cette qualité permet l'augmentation du volume des cavités cardiaques, l'acquisition d'une fréquence cardiaque optimale et un débit cardiaque plus élevé. C'est un facteur important de renouvellement de l'oxygène dans le sang, oxygène qui est, on le sait, un élément essentiel de l'activité de l'organisme.

Lorsque cette qualité se développe, le joueur peut augmenter la durée et la cadence du travail sans dette d'oxygène. Il récupère plus rapidement.

La résistance permet d'effectuer un travail de grande intensité le plus longtemps possible en dette d'oxygène, l'apport sanguin ne suffisant plus alors aux besoins de l'organisme qui puise dans ses réserves. La durée de l'effort est donc limitée.

Le travail de résistance développe le muscle cardiaque aux dépens des cavités, d'où le danger de s'y consacrer sans posséder de sérieuses bases d'endurance.

Les qualités d'exécution

La vitesse permet d'effectuer des actions motrices dans un temps minimal. Pour le joueur de tennis, elle est faite de courses, de démarrages, de sauts, etc. La frappe de balle proprement dite réclame également une grande rapidité des bras.

La souplesse permet de réaliser des mouvements dans leur amplitude maximale. Elle dépend de l'élasticité musculaire et ligamentaire. Elle est plus particulièrement nécessaire au joueur de tennis, au niveau du tronc, des épaules, de l'articulation coxo-fémorale, des genoux et des chevilles.

La force permet à un muscle ou à un groupe de muscles de vaincre une résistance extérieure ou d'y résister. La tenue de raquette réclame bras, avant-bras et poignets forts. La succession des démarrages, des freinages, des impulsions nécessite un train inférieur puissant, c'est-à-dire une combinaison de vitesse et de force.

Faites vos classes

Toutes les qualités ne peuvent pas se développer en même temps, l'accent étant mis, suivant l'âge sur l'une ou l'autre (ou plusieurs) de ces qualités. Cette classification est fonction des différentes étapes du développement et vise à favoriser et renforcer le développement naturel des qualités. Nous la faisons démarrer à 12 ans : non pas que les années précédentes soient inintéressantes, bien au contraire, et notamment en ce qui concerne la vitesse et l'endurance, mais elles ne concernent pas vraiment le niveau auquel nous souhaitons nous adresser.

• *De 12 à 14 ans : la pré-puberté*

Les possibilités de l'enfant ne permettent pas des efforts prolongés.
L'endurance régresse légèrement.
La souplesse est stable encore que des raideurs puissent s'installer.
La vitesse augmente jusqu'à 13 ans.
L'objectif de cet âge sera de *conserver l'acquis* en mettant l'accent sur la vitesse.

La force et la résistance ne sont pas encore à travailler. Le travail de la force pourrait nuire à la croissance, celui de la résistance entraînerait une fatigue excessive. Il est cependant possible de démarrer une musculation générale légère et adaptée.

● *De 14 à 17 ans : la puberté*

Le travail de la résistance et celui de la force seront incorporés progressivement.
Les autres qualités peuvent être travaillées de façon plus intensive.

● *De 16 à 18 ans (filles), de 17 à 19 ans (garçons) :*
l'adolescence juvénile

Les possibilités de l'adolescent permettent maintenant un travail important.
La force et la résistance peuvent être travaillées si les bases sont solides, c'est-à-dire s'il y a eu un bon développement musculaire et un solide travail en endurance.

● *De 20 à 26 ans : la jeunesse*

Un travail intense de toutes les qualités doit être fait par le jeune athlète.
Une remarque importante : ces catégories ont été établies à partir des caractéristiques anatomiques et physiologiques de l'individu, et il est possible d'y classer les adultes ou les jeunes n'ayant pas encore subi d'entraînement sportif.

Développez vos qualités

● *L'endurance*

Qualité de base du sport moderne, c'est indiscutable, le travail en endurance améliore les possibilités organiques, cardiaques et respiratoires. C'est un travail de longue haleine et quantitativement important. Il faut augmenter progressivement la qualité et l'intensité des exercices avec un rythme cardiaque se situant entre 120 et 135 pulsations (qui est généralement supérieur chez l'enfant). Au-dessus ou au-dessous de cette fourchette, il ne s'agit plus d'un travail d'endurance.
En dehors du court de tennis lui-même, il existe plusieurs moyens d'améliorer cette endurance :

L'effort continu peut aussi bien consister à courir qu'à skier ou encore qu'à nager.

La course s'entend sur terrain plat à allure régulière. Les plus jeunes (12-17 ans) alterneront la course (1 minute) et la marche (1 minute). Les autres se livreront à une course continue d'une durée de 30 minutes ou d'une distance d'environ 6 kilomètres. Ce travail constitue un bon moyen de récupération après un match, le jour même de celui-ci ou le lendemain.

Le ski de fond : les occasions sont plus rares, il est vrai. Mais les mêmes principes en fonction des âges s'appliquent comme pour la course à pied.

La natation constitue un autre excellent moyen de travailler l'endurance, particulièrement en période hivernale ; elle est très utile au développement harmonieux des jeunes. Pour en tirer le plus grand bien, je vous recommande de varier les styles de nage.

Les efforts fractionnés s'apparentent assez bien à ceux du tennis. Par exemple, vous effectuez des courses à intensité moyenne qui vous permettent une fréquence cardiaque de 140 battements/minute, d'une durée de 30 secondes à 1 minute 30 secondes, alternées avec des marches qui, elles, procurent une descente du pouls à 120-125 pulsations.

• *La résistance*

Là, vous devrez rechercher une cadence de plus en plus élevée, puis le dépassement de la cadence normale de compétition, que ce soit sur le terrain du tennis ou en dehors. Les exercices intenses effectués sur le court seront le moyen privilégié du développement de cette qualité.

En **travail continu,** vous alternerez des courses lentes (pouls 130) et des courses plus intenses.

En **travail avec intervalles,** vous répéterez des courses intenses (de 20 à 30 secondes), de telle façon que le pouls dépasse largement 140 et atteigne même 180. Les repos entre ces courses seront brefs, 1 minute 30 secondes au maximum, permettant au pouls de redescendre à « seulement » 140. Le nombre de répétitions pourra être élevé : de 15 à 30. Ce type de travail ne doit pas être répété plus d'une ou deux fois par semaine et être suivi de séances de récupération, consacrées donc à l'endurance.

Attention ! La récupération peut être très longue après un effort intense. La répétition trop fréquente des efforts en résistance peut conduire à un épuisement général et à des modifications cardiaques dangereuses.

• *La vitesse*

Cela peut sembler logique lorsqu'il s'agit de rapidité, la durée du travail ne doit pas être trop longue. Et la maîtrise des exercices doit permettre le contrôle de la volonté du joueur sur sa vitesse.

Le travail se fait en début de séance – après un long et bon échauffement –, avec une intensité maximale. L'effort est bref, et la récupération maximale.

• *Le démarrage*, dont on sait l'importance en tennis, peut se cultiver de bien des façons :

Des courses sur 30 ou 40 mètres, avec ou sans signal visuel.

Des courses en « côte », qui permettent une cadence élevée.

Des courses avec accélération progressive ou encore en déclivité.

Des exercices de détente – il s'agit là de musculation dynamique – comme les multisauts (séries à pieds joints par-dessus des bancs ou des haies), les sauts de kangourou, chers aux Australiens, les sauts effectués à partir de la position accroupie, les sauts carpés (jambes à l'écart ou jointes).

Des exercices avec charge qui, bien conçus, permettent d'augmenter la force, élément important de la vitesse de démarrage où il importe aussi de vaincre le poids du corps.

Les sports collectifs qui, tous, sont des moyens privilégiés de l'entraînement du démarrage, les problèmes de réaction visuelle étant identiques à ceux du tennis.

• *La vitesse gestuelle* – on connaît l'importance de celle du bras au moment du frapper de balle – peut faire appel à des exercices particuliers.

Un travail avec charges. Mais, attention, légères : medicine-balls ou balles lestées.

Des lancers bras cassé à un bras.

Des lancers du medecine-ball à deux bras, style basketteur, ou des remises en jeu à la touche à la manière des footballeurs.

Des gestes propres au tennis avec des raquettes alourdies ou des massues.

Pour ces séances, les répétitions seront peu nombreuses, 10 au maximum, et les repos assez longs (2 à 3 minutes).

• *La force*

Le type de force qui intéresse plus particulièrement le joueur de tennis est la dynamique, sauf pour le poignet qui, lui, travaille également en isométrie, c'est-à-dire en force statique.

De toute façon, tout travail de musculation spécifique doit être précédé par une musculation concernant les abdominaux, les muscles de la région lombaire, les muscles thoraciques et les muscles de la propulsion.

Les jeunes de 12 à 14 ans doivent se limiter à une musculation générale. Chaque série d'exercices sera faite à la cadence de 50 % du maximum possible, sa durée de 30 à 60 secondes et les repos de 45 à 90 secondes environ. Le nombre de répétitions sera de 4 à 10.

Pour les abdominaux, les exercices sont sans doute les mieux connus. Même après cet âge : assis-couché à partir de la position allongée, jambes pliées, poids au sol ; allongé sur le dos, bras en croix, jambes tendues à 90° du tronc, descendre alternativement les deux jambes sur la jambe droite puis sur la main gauche : en somme un mouvement d'essuie-glace ; tous les mouvements des jambes : ciseaux courts ou amples, verticaux ou horizontaux, petits cercles jambes tendues, jambes allant de 45° à 90°, pédalages, élévation des genoux pliés à la poitrine et extension à 45°, etc., à partir des positions suivantes : allongé au sol jambes décollées à 45° ou bien haut du corps en appui sur les avant-bras.

Pour les dorsaux : à genoux assis, descendre le buste vers l'avant de la position verticale à la position oblique, le buste droit, mains sur les épaules ; allongé sur un banc sur le ventre, buste à l'extérieur, se relever en inspirant jusqu'à la position horizontale. Si un copain vous maintient les pieds sur le banc, c'est encore mieux.

Pour les membres inférieurs : saut à la corde (à cloche-pied, en extension pieds joints, en flexion-extension à chaque jambe).

Pour les membres supérieurs : tractions en appui sur les mains, les fameuses « pompes » ; grimpers ; appui tendu renversé sur le bras (l'équilibre en somme) ; tous les lancers de medicine-ball, etc.

Les jeunes de 14 à 17 ans peuvent ajouter au même choix d'une musculation générale un travail plus spécifique avec, bien sûr, des charges légères.

A débuter également les exercices avec tout le poids du corps : en appui aux parallèles et à la barre fixe où il est possible de renforcer les bras et les épaules, mais aussi les lombaires et les abdominaux.

En ce qui concerne les exercices avec charge adoptez par exemple un développé-couché avec environ 20 kilos, et faites 2 ou 3 séries de 6 à 8 répétitions.

Pour le joueur au-delà de cet âge, il n'est pas conseillé d'entreprendre un travail spécifique de musculation sans suivre les conseils précis d'un professeur ou d'un spécialiste d'éducation physique.

Le footing fait partie du travail général foncier d'un joueur de tennis, Yannick Noah le sait.

• *La souplesse*

Le travail de la souplesse, après un échauffement musculaire sérieux, a pour objet d'augmenter très progressivement l'amplitude du geste, mais cela sans brusquerie dans l'exécution.

Les exercices ne manquent pas : debout, flexion-extension des jambes avec balancement des bras ; debout, flexion du tronc jambes tendues, les bras allant toucher le sol sans forcer ; couché sur le dos, amener alternativement les jambes vers la tête, mouvement continu ; couché, jambes fléchies, les écarter, puis, jambes tendues, même mouvement ; fente, comme cela se pratique en escrime avec appui de bras, en changeant de jambe ; allongé sur le dos, amener les jambes fléchies à la poitrine et aller toucher le sol derrière, jambes allongées, puis dérouler de telle façon que les mains aillent toucher les pieds.

Les exercices de rotation avec un bâton sur les épaules, les bras reposant sur ce bâton, sont les suivants : assis, jambes croisées, ou assis sur les talons, toutes les rotations de la tête et des épaules ; debout, jambes écartées ; jambes écartées, mêmes exercices mais le tronc incliné à 90° ; bras allongés et écartés, tenant un bâton, passage au-dessus de la tête.

Après 17 ans, il est bon d'insister sur les rotations du tronc et la souplesse des hanches et des épaules. Pour les épaules, il est utile de travailler avec des massues.

12 mois sur 12

Comment organiser son entraînement physique sur une année ? D'une façon générale, la préparation physique doit être polyvalente, puis progressivement plus spécifique, tout comme la préparation tennis.

Progressivement, on augmente la part de la résistance et de la force qui n'interviendront dans certaines catégories d'âge qu'après un gros travail d'endurance et de musculation générale légère. On augmente également la quantité globale de travail.

• *La période de préparation hivernale (novembre à fin février)*

C'est une période de formation générale pendant laquelle l'accent est mis sur l'endurance : jeux de balles, musculation générale, assouplissement.

La période pourra être réduite chez l'adulte et le travail en résistance débuter plus tôt.

• *La période pré-compétitive (mars et avril)*

Il s'agit de développer plus particulièrement les points forts et les qualités nécessaires au tennis.

On porte l'accent sur l'endurance, la résistance générale et spécifique, la musculation générale et spécifique, la souplesse générale et spécifique.

• *La période de compétition (avril à octobre)*

Pendant cette période, il faut entretenir l'endurance – footing donc –, la vitesse et la résistance sur le terrain de tennis. Quelques courtes séances de musculation peuvent être ajoutées.

• *La période de détente*

Il est nécessaire d'avoir une période de repos à la fin de la saison, ou par exemple à Noël et, dans ce dernier cas, le ski de fond serait le bienvenu.

Une ou deux fois pendant la période des compétitions elle-même, il peut être bon de faire une coupure de quelques jours (de 5 à 8).

Une séance

Si l'on doit se préparer 12 mois sur 12 ou presque, comme l'on vient de le voir, cela ne veut pas dire qu'il faut prévoir chaque jour de longues séances. Sauf au plus haut niveau où l'on peut aller jusqu'à 5 à 6 par semaine. Une bonne moyenne semble être : 2 séances (1 heure ou 1 h 30 : c'est la durée type) par semaine de 12 à 14 ans, 2 ou 3 de 14 à 17 ans, 3 ou 4 ensuite.

La séance comprend un travail général foncier (échauffement et endurance) et un travail spécifique (force dynamique, vitesse, résistance).

• *Exemple d'une séance de footing*

Elle peut se décomposer ainsi : 20 à 30 minutes de course lente ; 10 minutes d'assouplissement ; 8 fois 40 mètres pour la vitesse ; 20 minutes de course. Au total donc, environ 1 h 30.

• *Exemple d'une séance en salle*

Elle peut être organisée de la façon suivante : 20 minutes d'assouplissement et de saut à la corde ; 10 minutes de dorsaux et d'abdominaux ; 10 minutes pour le travail des jambes et autant pour celui des bras ; 15 minutes pour le travail des faiblesses individuelles. Au total, environ 1 heure.

Attention : il ne faut pas cumuler les séances d'entraînement « résistance » en préparation physique et sur le court de tennis.

Certains sportifs prennent l'habitude, le matin en se levant, d'effectuer une courte séance, disons 15 minutes, de culture physique (assouplissements, abdominaux, lombaires, saut à la corde) : cette pratique peut permettre de réduire la durée des séances en plein air ou en salle.

Les sports complémentaires

Un joueur de tennis doit avoir pratiqué un sport collectif.

Le football est sans doute celui qui développe le plus les qualités de coup d'œil, de jeu de jambes, de notions de rebonds et de trajectoires dans le style du tennis avec, en plus, des courses plus longues. Il ménage les mains et les risques de ce côté-là, et c'est aussi pourquoi je le recommande en priorité. Ses règles et sa technique de base sont connues de tous, et il existe à Paris et dans les grandes villes des compétitions hivernales organisées entre les clubs de tennis.

Mais si vous habitez dans un pays de **rugby,** n'hésitez pas, choisissez ce sport. J'ai toujours pensé que certains joueurs des lignes arrière ou certains avants de troisième ligne par exemple pourraient faire d'extraordinaires tennismen. Et d'ailleurs, nombre de joueurs de première division sont classés en troisième série, voire en deuxième série, et ils se reconvertissent toujours fort bien dans le tennis.

Le basket-ball, le **volley-ball** et surtout le **handball** exigent toutes les qualités réclamées par le tennis. Ils développent tout à fait le jeu de jambes dans l'esprit du tennis. On peut même, à voir certains merveilleux athlètes de ces sports, regretter que le tennis n'ait pas le même recrutement. Cela est dû, entre autres choses, à la difficulté des débuts techniques en tennis où les meilleurs, athlétiquement parlant, ne peuvent pas immédiatement faire la différence et se lassent avant d'avoir le goût du jeu.

Moins connu, le **hockey sur gazon** fait appel aux mêmes qualités. Et même un peu plus puisqu'il s'agit de « dompter » une balle avec un instrument, en l'occurrence une crosse.

Parmi les sports individuels, **l'athlétisme** propose les compétitions à la même période que le tennis, mais il fait partie intégrante de l'entraînement du sportif en hiver. Il est donc possible de se tester l'hiver, puis peut-être de participer à quelques compétitions « pour voir ».

Tous les entraîneurs vous diront les bienfaits de la **natation,** surtout pour les jeunes encore peu spécialisés. Mais attention, il faut savoir s'en priver en période d'entraînement intense et de matches.

Le vélo développe les qualités des jambes d'une manière exceptionnelle. Il apporte autant sur le plan de la volonté que sur celui du muscle.

Il y a place, notamment pendant l'hiver, pour la pratique d'autres sports. **Le ski,** et plus particulièrement **le ski de fond,** peut être un complément parfait sous forme d'un stage d'entraînement à Noël ou de week-ends pour ceux qui habitent des régions de montagne.

Je terminerai par un sport qui se popularise en France, **le squash.** Tout joueur de tennis peut le pratiquer immédiatement et il développe les réflexes, la vitesse, la détente et le jeu de jambes d'une façon inouïe. Autre avantage de ce jeu d'une grande intensité et passionnant : il est simple à comprendre...

LA PRÉPARATION
PSYCHOLOGIQUE

Séparer tactique et psychologie, c'est en fait impossible. Les deux choses sont bien trop intimement liées pour les dissocier. Cependant, la préparation psychologique peut sembler plus vaste encore et également plus abstraite.

Cette préparation psychologique, elle, s'élabore à tout moment : pendant l'entraînement, mais aussi avant les matches lorsqu'il faut élaborer une tactique ou encore pendant ceux-ci lorsqu'il faut en changer.

De son côté, l'entraîneur, lui, conditionnera ses joueurs à vouloir progresser, à vouloir gagner, à toujours essayer de remettre dans le terrain une balle impossible. Mais le joueur, lui, ne doit pas se contenter de se laisser « pousser » : il accomplira tous les efforts physiques et intellectuels qui lui sont réclamés, au point de devenir son propre entraîneur.

La préparation psychologique propre du joueur sera de tout mettre en œuvre pour réussir dans son entreprise, de chercher à tout prévoir. Et, même, de prévoir que l'on n'a pas tout envisagé et, en conséquence, de n'en être pas totalement surpris. Il doit chercher à tout organiser pour une plus grande efficacité de son jeu et un meilleur bénéfice des efforts consentis à l'entraînement.

Cette préparation psychologique sera réussie à partir du moment où le joueur en tire une force morale, une confiance inébranlable et, en quelque sorte, un sentiment du devoir accompli. Le match, alors, devient en somme une péripétie merveilleuse attendue avec confiance et sérénité.

On peut distinguer deux moments dans une préparation psychologique bien conduite :

• *La préparation permanente* : elle se fait dans la recherche systématique de s'améliorer avec ambition et modestie. Elle ne peut se faire sans une recherche de la connaissance de soi, c'est-à-dire de ses propres forces et faiblesses.

• *La préparation particulière* : c'est une concentration farouche sur des lignes de force résultant de réflexions tenant à la fois à la tactique et à la psychologie propre du match et de la compétition.

La relaxation

La relaxation, elle aussi, ne prend pas tout à fait la même forme suivant que vous êtes en plein cœur d'un match ou que vous prépariez une compétition.

Pendant le jeu, il est important de détendre du mieux possible les muscles les plus sollicités (épaules, bras, avant-bras, poignets) et toujours les cuisses et les jambes. Les moyens : une démarche souple et, pendant le repos, au changement de côté, une réelle décontraction.

L'entraînement d'un sportif de compétition et son hygiène de vie peuvent faire appel à des méthodes de relaxation qui se sont d'ailleurs développées depuis quelques années.

L'importance de la respiration

Les gestes ne favorisent pas la respiration. Il est donc essentiel d'y songer fortement pendant les moments « creux » du match, c'est-à-dire entre les échanges et à chaque repos, au changement de côté.

Pensez à assurer, en priorité, **l'expiration** en vidant le plus possible vos poumons. Associez cette expiration à la relaxation des épaules et des membres supérieurs.

Le trac et comment lutter

Chacun connaît, a connu (ou, hélas ! connaîtra) cette sensation de perdre d'un seul coup ses moyens physiques, techniques et même tactiques. Ce trac qui pourrait paraître en quelque sorte inévitable doit pourtant, et peut, être combattu. Physiquement, par des mouvements intensifs pendant l'échauffement, par une respiration à fond, forcée, dont le résultat sera une meilleure décontraction du haut du corps et des épaules.

Moralement, je crois qu'il faut éviter de tomber dans le piège des sportifs qui pensent échapper au trac en ne pensant pas au match. C'est un faux problème. Il faut, au contraire, y réfléchir et prévoir tout ce qui peut arriver, même les plus petits détails.

Le trac peut être détruit par la technique elle-même. Il vous en fait esclave et vous rend encore plus vulnérable quant à vos faiblesses. L'amélioration technique et tactique de vos coups médiocres éliminera, au moins partiellement, ce trac. Qui surviendra également moins souvent lorsque la partie se prolonge si vous êtes en parfaite condition physique.

L'échauffement

Bien des joueurs négligent cet aspect essentiel de la préparation que constitue un échauffement bien mené. C'est pourtant lui qui permet d'entrer aussitôt dans le match, comme l'on dit, et d'échapper d'ailleurs à ce fameux trac.

- *Si vous jouez le matin*

Arrivez au stade presque une heure avant l'heure. Votre échauffement doit durer presque une demi-heure. Si vous êtes jeune et si, d'une façon générale, vous êtes en bonne condition physique, vous pouvez l'allonger. Mais vous pouvez aussi le raccourcir, par exemple en cas de forte chaleur.

Faites, des échanges du fond du court en ajustant au mieux votre jeu de jambes et en cherchant bien votre frappe de balle.

Faites quelques volées et smashes.

Ensuite, effectuez des montées au filet, des services et des retours. Quand votre partenaire est à la volée, tentez des coups rasants, coupés ou liftés, pour mettre au point vos passing-shots.

Les 10 dernières minutes, disputez 2 ou 3 jeux en essayant de gagner les points comme vous avez l'intention de le faire en match. Vous pouvez également courir 10 à 15 minutes sur une piste ou dans la nature et ne faire que 10 à 15 minutes de « balles » mais en jouant à fond.

Pour qu'un échauffement sérieux soit réussi, il faut que votre rythme cardiaque soit monté à 130-140 pulsations par minute, et peut-être une ou deux fois au-dessus : c'est l'aspect physiologique de la question.

Björn Borg, exemplaire dans sa préparation psychologique au point de devenir, d'une certaine façon, son propre entraîneur.

Sur le plan technique, d'une façon générale, recherchez la sensation de bien taper la balle.

Enfin, imprégnez-vous bien de la tactique que vous allez suivre et faites « monter » en vous la volonté de gagner.

● *Si vous jouez l'après-midi*

Jeune et en bonne condition physique, je vous conseille de jouer à peu près 45 minutes le matin, et, en plus, 15 minutes avant le match, comme s'il s'agissait d'un match du matin. C'est tout à fait la solution que je vous recommande. Mais si vous n'éprouvez pas le besoin de jouer le matin, faites alors avant le match le même entraînement que celui proposé pour le matin.

● *Si vous n'avez pas de terrain d'entraînement*

Cela arrive bien sûr souvent en tournoi... hélas ! Dans ce cas, échauffez-vous en effectuant 10 à 15 minutes de course, et des assouplissements au vestiaire (mouvements de rotation des épaules, de la taille, flexion des jambes et du buste).

Vous pouvez aussi faire un peu de saut à la corde pour remplacer le footing s'il n'y a pas non plus d'endroit pour courir.

Dans ce cas, l'important sera de l'effectuer juste avant de rentrer sur le court, puis, pendant les « balles », de vous obliger à courir beaucoup. Essayez de prendre le plus de temps possible avant de commencer... ce que le juge-arbitre ne vous permettra pas toujours.

L'heure du match

Cet échauffement, c'est votre avant-match. Maintenant, c'est l'heure du match, plus personne ne peut plus rien pour vous, sinon vous souhaiter bonne chance.

Un dernier conseil quand même : battez-vous jusqu'à la limite de vos forces physiques et morales. Le sportif qui dispute une compétition et sait qu'il est vraiment allé au bout de lui-même détient l'une des plus belles richesses du monde.

LA PRÉPARATION TECHNIQUE

L'entraînement au tennis est d'abord physique : vous devez en tenir compte pour l'établissement d'un programme, quel qu'il soit, et donc en connaître les notions générales évoquées dans un chapitre précédent.

Le but final de cet entraînement, c'est l'efficacité et le progrès obtenus par **l'automatisation des techniques et des tactiques de base** qui libère le joueur en match. Et cela au profit d'une plus grande concentration et d'une plus grande confiance sur les points particuliers en même temps que d'une plus grande volonté de gagner.

Cette préparation technique du joueur comprend donc trois parties – nous les appellerons les « points clés » – qui peuvent être organisées différemment suivant le niveau, l'âge, les qualités et les faiblesses des joueurs, du temps dont ils disposent et de la période de la saison. Nous allons les détailler successivement.

Les trois points clés

C'est leur combinaison qui permet d'atteindre une bonne préparation technique du joueur de tennis.

• *Les exercices techniques (A)*

Ils visent à travailler :

– Les coups de base et le jeu de jambes (1).

– Les enchaînements de coups : fond de court, montées au filet, jeu au filet, etc. (2).

– La tactique par des phases de jeu préparées (3).

• *L'entraînement de la technique compétition (B)*

Il est effectué au plus haut rythme, avec une dominante physique, dans le but d'améliorer la vitesse d'exécution, la course et la détente, et, d'une façon générale, les facultés d'adaptation.

• *L'entraînement tactique appliqué (C)*

Il prend la forme de matches d'entraînement de simple (1), de matches d'entraînement de double (2), et d'autres formes diverses jouées comme en match (3).

Une séance type d'entraînement

L'expérience vous montrera quels exercices et quels objectifs font plus et mieux travailler tel ou tel coup particulier, la vitesse, la détente, le jeu de jambes. Cherchez cependant à développer concurremment les trois points clés que nous avons dégagés : une bonne harmonie des choix vous permettra une progression normale.

Si vous faites plusieurs séances par semaine, vous pourrez répartir vos objectifs. Le temps que vous consacrerez à chaque partie de travail dépendra bien entendu de la période de l'année, mais aussi de vos problèmes techniques particuliers.

• *2 exemples de séances*

Par exemple, au cours de la première séance de la semaine, qui durera environ 1 h 30, vous consacrez 1 heure à A 1 (coups de base et jeu de jambes) et C 3 (formes diverses jouées comme en match) et 30 minutes à B (entraînement de la technique compétition au plus haut rythme). La seconde séance de la semaine d'une durée de 2 heures peut se diviser ainsi : 1 heure pour C1 (matches d'entraînement de simple) et 1 heure pour C2 (matches d'entraînement de double).

Voici une autre possibilité de répartition, toujours pour deux séances par semaine. Au cours de la première, vous consacrez 45 minutes à A 1 (coups de base et jeu de jambes) et A 2 (enchaînements de coups), 15 minutes à B (entraînement de la technique compétition) et 1 heure à C 3 (formes diverses jouées comme en match). La seconde séance peut être conduite de cette façon : 15 minutes par A 1 (coups de base et jeu de jambes), 15 minutes pour B (entraînement de la technique compétition), 1 h 30 pour C 1 (matches d'entraînement de simple).

Ces deux exemples montrent qu'il vous sera relativement facile de vous organiser à condition de bien choisir les exercices proposés.

Pour les espoirs de club ou les joueurs d'équipe, une séance devrait durer 2 heures pendant les 5 mois d'hiver et un rythme de 2 séances par semaine serait l'idéal. Ne négligez pas **l'échauffement** qui, dans la plupart des cas, peut se réaliser en première partie de séance.

Idéalement, l'entraîneur devrait toujours disposer de 2 terrains pour 6 ou 8 joueurs, ce qui permet le travail « comme en match ».

• *Les notions générales d'entraînement sportif*

Ne négligez pas les notions d'endurance et de résistance que nous avons évoquées dans les chapitres concernant la préparation physique.

Celles-ci étant connues, il vous sera possible d'organiser la technicité, l'intensité de votre entraînement ou de l'entraînement dont vous avez la responsabilité en accord avec les étapes de l'entraînement physique.

Le triple but
de l'entraînement

Sur le terrain de tennis, un entraînement bien conduit vous permet d'atteindre un triple but :

Développer vos qualités physiques : vitesse, détente, force d'une part, résistance d'autre part, suivant la durée, l'intensité, les repos ou le choix des exercices.

Acquérir les techniques de compétition, au rythme normal ou supérieur.

Développer les qualités morales nécessaires au joueur de compétition.

Dans certains cas de gros points faibles du point de vue technique, vous pourrez supprimer la partie de l'entraînement consacrée spécialement à la haute compétition et à dominante physique (B) et, dans le même temps, augmenter les doses d'entraînement physique hors du court.

Les objectifs de l'entraînement

Ils doivent être précis. Les exercices expliqués dans les pages qui suivent sont simples. En fait, chacun d'entre eux en représente à lui seul une dizaine. Cela suivant les options que vous prendrez et dont les principales sont les suivantes :

La régularité : jouez à environ un bon mètre au-dessus du filet.

La précision : placez des cibles sur le terrain.

Une cadence soutenue : travaillez ainsi en même temps vos qualités physiques et vos qualités techniques.

Les changements de rythme : pour qu'ils soient efficaces en match, rodez-les à l'entraînement.

Une frappe de balle précoce : améliorez votre coup d'œil, jouez en position avancée.

La puissance de frappe : ne frappez que les 2 ou 3 coups lorsque vous êtes à distance parfaite.

Les coups plats ou à effets : vous serez capable de varier votre jeu en match.

L'esprit de compétition : comptez ou faites compter les points.

Certains exercices peuvent être réalisés à 5 ou 6 joueurs sur le court, mais à condition que la séance soit dirigée par un entraîneur.

Il est bien entendu possible de donner des consignes différentes suivant les capacités des joueurs en séance.

Entraînez vos points faibles

« Un joueur n'est pas plus fort que son coup le plus faible le lui permet », cette seule phrase du grand joueur américain Bill Tilden doit vous inciter à travailler vos coups mauvais ou médiocres.

Pendant tout l'hiver, et plus particulièrement pendant les 2 ou 3 premiers mois, effectuez les corrections nécessaires pour que vos coups faibles deviennent efficaces.

En période de compétition, je vous conseille des entraînements même de courte durée (une petite demi-heure) après les matches pour travailler les faiblesses constatées pendant la partie. Cette méthode est une **école de modestie** qui donne de très bons résultats.

*Adversaires sur le court, Ivan Lendl et Jimmy Connors n'hésitent
pas à s'entraîner ensemble, et dans la bonne humeur.*

N'oubliez pas
vos points forts

Entraînez tous vos coups, mais aussi vos coups forts pour qu'ils
ne régressent pas, et, pourquoi pas, s'améliorent encore. En match,
la tactique est bien souvent « **l'utilisation des points forts sur
les points faibles adverses** ».

Je connais bien des joueurs qui ne peuvent franchir le cap d'une
série, bien qu'ils possèdent un jeu complet, pour la seule raison
qu'ils n'ont pas réellement de points forts : leur jeu manque de
personnalité et eux de confiance.

L'entraînement collectif

Si l'entraînement est dirigé par un entraîneur, celui-ci expliquera soigneusement chaque exercice après avoir, au préalable, exposé le programme de la séance, celui-ci s'inscrivant généralement sur une durée de plusieurs mois.

Il n'hésitera pas à l'interrompre pour revoir quelques détails d'organisation ou mettre en évidence tel ou tel point individuel ou collectif. Dans les exercices tactiques, il faut apporter des preuves de l'efficacité d'un coup : c'est bien plus frappant sur le terrain qu'au tableau noir.

Le souci d'anticipation, qui, et sous bien des formes, tient une place d'importance dans chaque chapitre de ce livre, ne doit pas rester l'apanage du joueur de match. L'entraîneur, lui aussi, doit anticiper lorsqu'il explique à nouveau un conseil déjà donné. Par exemple, si un joueur a un mauvais accompagnement, il peut le lui rappeler **avant la frappe de la balle** : « Fais ceci ou cela. » Pour un autre joueur, trop lent à se replacer, lui dire **à la frappe** : « Reviens vite. » Et non pas après que l'erreur a été commise : « Il fallait faire ceci ou cela. »

Les anticipations de l'entraîneur, qui tiendront sans arrêt l'esprit de l'élève en éveil, rendront l'entraînement beaucoup plus efficace et feront de cette forme d'anticipation sur le court un réflexe naturel. Si vous n'avez pas la chance d'avoir un professeur ou un entraîneur, vous devrez vous imposer, à sa place, cette discipline et cette façon de travailler : votre progression sera plus rapide et vous deviendrez en somme votre propre entraîneur.

D'un autre côté, l'entraîneur devra savoir laisser le joueur livré à lui-même pendant de longs moments. Pour voir si celui-ci se bat naturellement, se force à corriger telle ou telle erreur ou, au contraire, se laisse aller... Enfin, il sera nécessaire que l'entraîneur communique la joie de l'effort, le goût de courir inlassablement, même sur les balles impossibles.

Les exercices d'entraînement

Ces exercices, simples et à effectuer à 2, 3 ou 4 joueurs, je vous les livre « bruts ». Mais n'oubliez pas de leur donner leur sens réel en les situant, dans la mesure du possible, dans la zone tactique où ils seront exécutés en match. Cette démarche facilite une meilleure assimilation tactique.

L'entraînement se conçoit dans un certain **esprit**. Jouer 200 revers de suite ne sert à rien si vous faites le geste pour le geste. Par contre, le même nombre de coups sera efficace si vous les jouez **chaque fois avec la volonté de mettre la balle à l'endroit décidé, à la vitesse décidée** et si, pour situer l'action tactiquement, vous vous replacez rapidement à l'endroit où vous devriez revenir si vous étiez en match.

Un entraînement sera « nul », si, même pendant les balles – l'échauffement – vous n'ajustez pas mieux votre jeu de jambes et si vous ne cherchez pas coûte que coûte à ne pas laisser la balle rebondir plus d'une fois. Rappelez-vous que ces exercices d'entraînement sont conçus pour acquérir les automatismes du match.

Les coups de base et le jeu de jambes

• *Le jeu de jambes en fond de court (l'échange)*

2 joueurs, disposant d'un terrain pour eux seuls, jouent des points sans servir, sur toute l'aire de simple.

Si les joueurs jouent les balles « faute » ou qui sortent de peu, en les remettant en jeu après rebond, de volée si elles sortent de plusieurs mètres, s'ils jouent avec plusieurs balles (en avoir en réserve dans les poches), il n'y aura pratiquement pas d'arrêt. Une fois la régularité et le placement de balle acquis, on pourra évoluer vers d'autres objectifs, mais le premier but sera atteint : **faire du jeu de jambes – déplacement-placement-replacement – une véritable action coordonnée.** Suivant les objectifs donnés, les temps de repos plus ou moins espacés ou éliminés, cet entraînement peut être d'une intensité physique moyenne ou très importante.

Trop de joueurs, moyens ou même bons, négligent le replacement dans cet entraînement. J'ai obtenu de bons résultats en traçant un cercle sur la zone de replacement où ils doivent se trouver au moment de la frappe de balle adverse. La qualité de l'échange s'en ressent – dans un sens positif – très vite.

Dans cet exercice, toutes les options proposées peuvent être tour à tour prises en fonction des besoins. Rapidement, les joueurs parviennent à un **jeu de jambes dirigé par la concentration visuelle.** Il suffit ensuite de surveiller, suivant le niveau, que la technique de compétition soit découverte ou s'améliore nettement.

Vous devez savoir que c'est dans le but de faire de vous des **attaquants** que l'on recherche à vous améliorer derrière. Plus un joueur sera fort au fond, plus il sera facile de le faire attaquer. Par exemple, dans le passé, c'est le fait de pratiquer cet exercice en disputant des matches acharnés en 40, 50 ou 60 points qui avait fait de deux joueurs comme Georges Goven et Patrick Proisy des joueurs capables de prendre la balle très tôt et d'être immédiatement disponibles pour saisir l'ouverture et prendre le filet, jeu qu'ils n'affectionnaient pas naturellement, mais qui leur a permis de faire de gros progrès.

Les principales fautes rencontrées en jeu de jambes sont celles commises par les joueurs qui, sur les déplacements latéraux, mettent 2 ou 3 pas à s'arrêter après la frappe. Cet exercice, précisément, les transformera.

Au contraire, certains joueurs, dans le souci de revenir vite, négligent le coup proprement dit. C'est une autre erreur à combattre. Ils se placent mal, trop loin, ou avec de trop grandes fentes, toutes choses qui leur font perdre du temps.

Idéalement, cet entraînement doit durer 30 minutes au minimum, plus même avec un terrain pour deux joueurs. Si vous ne disposez que d'un demi-court, vous pouvez le pratiquer en prenant le centre imaginaire de votre terrain de jeu aux environs de la ligne de côté simple et vous jouez alors jusqu'au grillage latéral.

● *Les gammes au fond du court*

Il s'agit de jouer les 4 séries classiques avec replacement au milieu du terrain :

1. Le revers droit le long de la ligne.
2. Le revers croisé.
3. Le coup droit droit.
4. Le coup droit croisé.

N'oubliez pas les coups décroisés, spécialement en coup droit.

Dans le même temps, votre partenaire travaille le coup opposé dans le même esprit.

Vous pouvez travailler à quatre sur le même terrain, deux par deux bien sûr. Toutes les variantes sont possibles pour insister sur un point ou un autre : régularité, frappe, changement de rythme, etc.

● *Les gammes au filet*

Le travail est le même qu'au fond du court, mais un joueur se place au filet, tandis que l'autre reste au fond du court. Dans cette situation, les joueurs avancés peuvent s'entraîner au passing-shot.

Autre possibilité : les deux joueurs se trouvent au filet. Dans ce cas, on peut travailler à différentes distances du filet, suivant ce que l'on recherche.

● *Les gammes volées-smashes et fond de court-lobs*

Cet entraînement, souvent réalisé avec une grande intensité par les bons joueurs, peut être réalisé dans le même esprit que les précédents.

Le replacement après le smach doit être obligatoirement enchaîné et effectué rapidement. De plus, le smash ciseau est l'un des gestes qui réclament le plus de coordination et de qualités physiques. Le replacement du joueur au fond doit être fait près de la ligne de fond, et plus en retrait lorsque son adversaire smashe. Cette variante dans le déplacement permet de développer le sens de la place.

Les joueurs moyens ou faibles ne peuvent réaliser cet exercice qu'à un rythme assez faible. S'ils sont jeunes, ce rythme les laisse récupérer, ce qui permet facilement l'adaptation au niveau et à l'âge.

● *Le service et le retour de service*

Placez-vous à la bonne position (près du centre en simple, décalé de 1 ou 2 m pour le double). Jouez votre service en visant des cibles concrètes si vous êtes seul et que, donc, personne en retourne, ou imaginaires si vous avez un retourneur en face.

D'une façon générale, **les joueurs n'entraînent pas assez leur service, et encore moins leurs retours.** La technique du retour, surtout sur la deuxième balle de service, est mal connue et encore moins bien appliquée.

Pour le service, jouez-le en avançant comme en match. A la fin du geste, vous devrez être dans le court. La méthode qui consiste à rester les deux pieds au sol derrière la ligne est uniquement destinée à l'échauffement de l'épaule, à l'apprentissage de la boucle ou à la correction d'un défaut particulier.

Vous pouvez également travailler votre **montée au filet en course rapide.** C'est, en plus, l'occasion d'un excellent entraînement physique. Si votre adversaire travaille le retour, profitez-en pour jouer une volée afin de sentir le rythme de la montée et le moment de perception où il faudra orienter votre déplacement.

Dans le même esprit, travaillez **le retour suivi au filet.** Il est en effet très important de découvrir, d'améliorer puis de dominer parfaitement ces jeux de jambes.

Les enchaînements de coups

Voici les principaux enchaînements de coups qui permettent une bonne intensité. À 4 joueurs, l'un restera au fond du court et les autres se relaieront dans l'exercice. À 2 joueurs, vous pouvez le faire chacun pendant un bon moment ou alterner.

– Coup de fond, coup d'attaque (montée), volée.

– Coup d'attaque, volée + volée ou smash.

– Volée-smash : c'est un exercice de grande intensité lorsqu'il est bien exécuté par 2 joueurs.

– 1re volée – 2e volée : démarrer 2 mètres derrière la ligne de service lorsque l'adversaire lance la balle.

– Service, volée, coup d'attaque ou smash.

– Service suivi au filet, volée + volée ou smash.

– Retour qui est travaillé à tour de rôle dans les exercices lorsqu'il y a 4 joueurs.

– Retour suivi au filet + volée.

– Retour suivi au filet + volée ou smash.

– Le lob est travaillé au filet dans les exercices où il y a smash. On demandera au joueur de se placer le mieux possible, comme pour un coup normal, pour bien lober.

– Le passing-shot pourra être travaillé en même temps que le lob dans l'exercice précédent en alternant les répliques lobées et le passing-shot.

Les phases de jeu préparées : la tactique

Toutes les phases de jeu du paragraphe précédent (les enchaînements techniques) peuvent être préparées partiellement ou totalement.

– Voici un exemple pour 4 à 5 joueurs :

– 4 serveurs et 1 retourneur pour un service d'attaque ;

– 3 serveurs et 2 retourneurs pour un exercice débutant en fond de court ;

– 2 joueurs seulement disputent le point, les autres restent « collés » au grillage et ramassent les balles. Bien sûr, les joueurs jouent à tour de rôle.

– Le serveur suit son service au filet pour jouer deux volées, le retourneur soigne son contrôle de balle qui permet le travail. Vous pouvez décider que la première volée sera jouée vers une cible et la volée suivante croisée courte, tout en décidant que vous la jouerez à nouveau longue si vous n'êtes pas en mesure de la placer gagnante, etc. Comme vous le voyez, les variantes sont nombreuses, l'important étant de tenter au maximun de respecter les choix.

L'entraînement à la technique de compétition

Bien des exercices, techniques ou tactiques, effectués à une certaine cadence, développent ces facultés d'adaptation au jeu en compétition. Par exemple, le premier exercice expliqué pour le jeu en fond de court. Ou encore, l'exercice volée-smash qui est d'une grande intensité.

L'entraînement à 2 joueurs contre 1, dit « à l'australienne », est l'entraînement physique (vitesse/résistance) le plus recommandé pour un joueur d'une certaine valeur et d'un certain âge. Très violent, il n'est réalisable que par des joueurs en condition physique suffisante. Son principe : les deux joueurs jouent en fait le rôle d'entraîneur et donnent une cadence ininterrompue avec des objectifs précis et en se tenant tous les deux soit au filet, soit au fond du court. Le joueur seul effectue, lui, des séries sans aucun temps d'arrêt et où il lui est presque impossible de finir le point.

L'entraîneur peut enfin organiser des séries allant de 2 ou 3 coups (courses enchaînées ou détentes acrobatiques) à une douzaine pour les juniors, et cela au rythme maximal que les joueurs peuvent soutenir. Les séries peuvent être répétées plusieurs fois de suite, avec un temps de repos. Pour les plus jeunes, on veillera à ce que le travail soit fait en endurance (rythme cardiaque de 135 pulsations/minute environ), ce qui correspond à 2 ou 3 ou 4 coups. Cet entraînement évoluera, pour les juniors, vers des rythmes plus élevés, donc des séries plus longues (10 à 16 coups) permettant un travail de résistance.

Ce type d'entraînement permet d'améliorer :

– la technique d'adaptation à la plus grande intensité ;

– la condition et les qualités physiques : vitesse, détente, souplesse, coordination, équilibre dans le déséquilibre, etc., d'une part, et, d'autre part, endurance et résistance ;

– les qualités morales : combativité, dépassement de soi, etc.

Les matches d'entraînement

Il faut jouer à l'entraînement **pour gagner** – j'insiste sur ce point – , mais sans transgresser les consignes de votre entraîneur ou les idées-forces que vous devez respecter pour progresser.

• *Décidez ce que doit devenir votre jeu*

Ainsi, je ne demande qu'exceptionnellement à un joueur faible au fond du court d'y rester au cours d'une partie d'entraînement. Dans le cas inverse, il y aura simplement lieu de savoir ce que doit devenir votre jeu et de le faire évoluer dans ce sens. Mais il ne s'agit surtout pas d'envoyer « au massacre » un joueur qui n'aurait pas le bagage suffisant. Le procédé, cependant, peut être valable, à condition de ne pas en abuser : j'ai vu des attaquants-nés devenir de bons joueurs de fond de court, mais se limiter ainsi dans leur progression.

Lorsqu'un joueur est faible en fond de court, il existe suffisamment d'exercices pour l'améliorer. Mais **un match est un match.** Imaginerait-on une équipe de football qui, pour faire travailler ses arrières dans un match amical, demanderait à ses avants de ne pas, ou presque pas, attaquer lorsqu'ils en ont l'occasion ?

Vous pouvez cependant décider à l'entraînement que, dans tel ou tel cas, vous tenterez un coup précis, et cela pour progresser sur un détail particulier. Par exemple, vous possédez un passing-shot de revers efficace le long de la ligne, mais faible lorsque vous le jouez croisé. Prévoyez de le tenter croisé quatre fois sur cinq lorsque vous serez en bonne position. Mais, attention, ne devenez pas ce type de joueur qui se cherche des excuses en disant : « J'ai raté ce coup parce que je change mon revers, etc. »

D'une façon générale, jouez les coups où ils doivent être joués et prenez l'habitude de vous accrocher avec un esprit de compétition à la fois volontaire et détendu que vous chercherez à retrouver en match.

• *Jouez beaucoup de doubles*

Nous l'avons déjà vu, cette spécialité développe au maximum les réflexes, les facultés d'adaptation, la technique d'attaque et de contre-attaque à un rythme plus soutenu qu'en simple.

Peut-être, un jour, un super-champion jouera-t-il le simple comme on devrait jouer le double : service-volée et retour-volée systématiques et sur toutes les surfaces.

Le double mixte permet des entraînements plus gais qui peuvent être excellents pour les joueurs manquant d'envergure au filet ou d'esprit d'initiative. Outre le plaisir de faire du sport mixte – ce qui est rare dans les autres disciplines –, c'est dans cet esprit qu'il faut le pratiquer. Mais il ne peut représenter qu'une petite part de votre entraînement...

Les formes jouées

Les formes jouées sont généralement adoptées lorsque les joueurs sont trop nombreux pour faire des matches. Ou encore pour imposer une grande intensité plus particulièrement à un joueur.

Il est bon de ne pas dépasser 4 joueurs sur un court, mais, à 5 ou 6 joueurs, cela reste encore très valable.

Voici quelques exemples :

– 2 ou 3 serveurs, à tour de rôle, jouent le point contre un retourneur en employant la tactique service-volée.

– 2 ou 3 retourneurs, chacun leur tour, servent des deuxièmes balles contre un joueur qui travaille son retour suivi à la volée.

– 2 serveurs, à tour de rôle, et 2 retourneurs à tour de rôle montent à la volée et cherchent à se prendre le filet.

– Le même exercice peut être réalisé en diagonale sur un demi-terrain plus le couloir : c'est notamment un entraînement au double.

– Enfin, toutes les séries où l'on démarre un échange normal de fond de court, et où l'on recherche l'ouverture dans l'échange. Dans ce cas, il y aura 2 serveurs et 2 retourneurs (ou 3 et 2).

Une remarque importante : généralement, dans tous ces exercices, je fais travailler **une deuxième balle de service améliorée**, ce qui réduit les temps morts et, par la même bonne occasion, améliore considérablement la plus importante des deux balles de service.

LE COACHING : MON EXPÉRIENCE AVEC GUY FORGET

Actuellement, la plupart des joueurs et joueuses du circuit international ont des coaches ou, si vous préférez, des entraîneurs.

Certains d'entre eux s'occupent d'1, de 2 ou 3 joueurs, rarement plus. Lorsque j'ai entraîné l'équipe de France de 1969 à 1972, je suivais 4 ou 5 joueurs sur les tournois et j'entraînais une dizaine de joueurs l'hiver. Ce fut une époque privilégiée de ma carrière : aux champions chevronnés, comme François Jauffret et Pierre Barthès, venaient s'ajouter des « nouveaux » qui montaient comme Patrick Proisy, Patrice Dominguez ou Georges Goven. Mon comportement se devait d'être différent avec chacun d'entre eux.

Aujourd'hui, le Grand Prix court sur toute l'année et, dans ce cadre, je m'occupe d'un seul joueur : Guy Forget. Et cela, depuis septembre 1983.

Il n'est plus question d'une préparation hivernale prolongée, et c'est peut-être dommage. Sans doute les joueurs ont-ils souvent acquis un bon fond de jeu dans les catégories de jeunes (minimes, cadets, juniors), mais ce n'est pas toujours le cas, et c'est pour cela que je dis : dommage !

Mon rôle avec Guy est **d'organiser les périodes d'entraînement, le choix des compétitions et des périodes de repos.**

Le choix des compétitions dépend du calendrier. Je donne la priorité aux tournois du grand chelem pour que Guy joue sur

Guy Forget : construire un jeu complet, sans griller les étapes, et en partant de ses points forts comme le service ou le coup droit.

toutes les surfaces. Nous essayons de les faire précéder de 2 ou 3 tournois disputés sur la même surface et, si possible, dans le même pays. S'y ajoutent une quinzaine d'autres tournois du Grand Prix et quelques exhibitions.

Les périodes d'entraînement se composent en général de 3 ou 4 semaines en janvier-février et de 7 à 10 semaines réparties dans l'année. Elles ont lieu dans mon camp d'entraînement de Nîmes, parfois l'été à la montagne, à Flaine, ou encore en Angleterre avant Wimbledon.

Au début, le but était d'armer Guy physiquement : endurance, musculation générale, surtout vitesse et détente ont été les priorités. Pour le tennis, priorité a été donnée au **jeu de jambes et à l'acquisition d'un jeu complet.**

Une grande partie de la préparation psychologique doit également s'opérer pendant ces périodes.

Le joueur doit « en baver » sans perdre la joie de jouer. Il investit. Je suis alors rigoureux et méthodique.

Pendant les compétitions, mon rôle est d'assister Guy par ma présence amicale et mes conseils. C'est aussi d'organiser les journées d'entraînement, notamment lorsqu'il n'a pas de matches au programme.

Ces journées, nous les mettons sur pied **ensemble.** Car, entre les matches, c'est lui qui doit ressentir sa forme et ses besoins. Nous travaillons alors souvent les faiblesses de la veille et nous préparons le match du lendemain.

Nous dînons souvent ensemble, mais pas systématiquement. Nous discutons alors de choses et d'autres. J'évite en tout cas de parler de son tennis si nous ne sommes pas seuls, de le féliciter ou de le critiquer devant d'autres personnes. Avec Guy, les conversations vont bon train. Il est intelligent, il a de l'humour et il parle beaucoup... Nous sommes alors deux véritables amis.

Mon rôle est également de veiller aux « détails » comme la nourriture et le sommeil. Je le conseille, mais il s'assume tout seul. Il est fragile comme tous les pur-sang, et il doit faire attention aux horaires sans en être esclave. Il sait ce qu'il doit faire et je ne suis, **en aucun cas, un coach « mère poule ».**

La préparation psychologique au match est excessivement importante. Ma méthode, sur ce point, a souvent varié en fonction des situations. Elle peut être de ne rien dire du tout ou, au contraire, d'effectuer des « lavages de cerveau » assez primaires. C'est assez rare quand même.

Lorsque nous parlons du match, c'est, calmement, pour évoquer :
1) Le jeu de Guy en fonction de la surface.

2) Son comportement général en fonction de l'adversaire, des arbitres, de son tempérament, etc.

3) Un ou deux détails sur l'adversaire.

Nous pouvons avoir ces discussions la veille du match, le jour même, ou tout juste avant la partie. Et parfois même les trois... Elles sont parfois longues, parfois courtes, il n'y a pas de règle. Seul le résultat compte. D'ailleurs, un coach évolue en fonction de l'évolution mentale et intellectuelle de son élève, de son état du moment.

Les périodes de repos sont nécessaires : 3 semaines l'hiver et plusieurs fois dans l'année de 4-5 jours à une semaine. Je demande à Guy de continuer à s'entretenir, particulièrement en endurance, cela pour que la reprise soit immédiatement efficace. Il aime l'entraînement physique et, donc, cela ne lui pèse pas. Il doit bien sûr continuer à respecter une certaine hygiène de vie (sans tabac ni alcool, sommeil).

Je ne suis pas Guy sur tous les tournois, de 10 à 15 fois par an, principalement en Europe, et aussi aux États-Unis pour Flushing Meadow. Mon rôle de coach est de surveiller, sans bouleversement important, sa technique individuelle. J'y veille de très près pour lui donner, **sans griller les étapes,** un jeu complet. Tout en conservant, utilisant et améliorant ses points forts, et ce n'est pas forcément le chapitre le plus facile.

Seuls, l'expérience et le nombre important de joueurs que j'ai entraînés me permettent de réduire les erreurs. Je connais d'anciens champions ou joueurs internationaux qui se sont « plantés », faute d'un minimum de connaissance des « autres ». Et je connais des joueurs médiocres qui ne feront jamais des coaches, faute d'un minimum de jeu vécu dans la compétition.

Je connais donc peu de vrais coaches... En France, je pense que Patrice Hagelauer et Jean-Claude Massias font partie de cette catégorie. D'autres auraient pu en être si la Fédération avait fait plus souvent appel à leurs services (Alain Lambert, Jean-Luc Mas, etc.). Sur le plan international, Lennart Bergelin et Ion Tiriac ont eu leur heure de gloire et certainement... leurs secrets. Actuellement, il y a beaucoup d'excellents coaches et aussi beaucoup de prétendus coaches.

Dans ma carrière de joueur et d'entraîneur, trois hommes m'ont aidé par leur exemple et leur amitié. Henri Cochet, le champion respecté, l'ami de tous les jeunes joueurs et le conseiller impartial. Jacques Dudal, entraîneur hors pair, qui dans les années 55-60 préparait physiquement les meilleurs Français. Ignace Heinrich enfin, incomparable meneur d'hommes. Je leur dois beaucoup.

LE STAGE : APPRENDRE, PROGRESSER, GAGNER

Le joueur qui suit un stage vient pour atteindre successivement ces trois objectifs : apprendre, progresser, gagner. C'est notre leitmotiv.

Le stage, c'est sans conteste le moyen le meilleur et le plus rapide d'apprendre à jouer au tennis. Et aussi de découvrir les vertus de l'entraînement collectif, ses joies, les bénéfices de l'émulation.

Il réduit de beaucoup l'ingrate période d'apprentissage et constitue le moyen pédagogique moderne qui correspond bien à l'engouement pour le tennis.

C'est en 1967 que j'ai mis sur pied, à Chantilly, sous l'impulsion de Philippe Chatrier, qui avait constaté le formidable succès des « tennis camps » aux États-Unis, les premiers stages français de tennis. Une formule attendue, comme me l'a prouvé ensuite la réussite de stages d'été organisés à Flaine, une station de Haute-Savoie.

Quelques années plus tard, tandis que, dans le même temps, Pierre Barthès ouvrait son remarquable camp à Cap-d'Agde, les stages Georges Deniau s'installaient aux Hauts de Nîmes dans un complexe conçu pour accueillir des milliers d'amateurs.

Les stages possèdent en effet une vocation multiple et répondent à plusieurs besoins. Ceux du débutant ou presque débutant qui met « le pied à l'étrier » de l'un des rares sports qui peuvent s'affirmer comme ceux de toute une vie. Ceux du joueur déjà confirmé mais désireux de mieux réussir en compétition. Ceux de joueurs assez passionnés pour envisager de faire de l'enseignement du tennis leur futur métier. Ceux enfin de joueurs de haut niveau qui ont besoin, de temps à autre, de s'astreindre à un travail intensif pour corriger un défaut résultant de mauvaises habitudes, retrouver leurs sensations ou tout simplement la confiance et, plus important encore, le goût même du travail.

En tout cas, qu'il s'agisse de débutants ou de joueur confirmés, de stages intensifs ou d'autres formules, le même esprit règne sur les courts comme en dehors. Concentration et application, voilà les deux maîtres mots.

L'idée de base, c'est d'inculquer une technique simple dans laquelle l'accent est notamment porté sur le jeu de jambes – et cela se fait avec une certaine rigueur pour le débutant –, ensuite de respecter la personnalité de chacun. En somme, les mêmes exercices, ou presque, sont proposés à tous, mais avec une vitesse, une cadence et une difficulté différentes et bien sûr progressives.

Le tout pour que chacun puisse donner le meilleur de lui-même et progresser dans la connaissance du tennis en général et du sien en particulier. Le débutant découvre le plaisir du premier match, celui de tenir l'échange ou de maîtriser par exemple le geste du service. Le pratiquant plus averti assimile les principes de la technique et de la tactique de compétition. Et pour le joueur de bon niveau le stage sert de tremplin vers un classement supérieur.

Mais, bien sûr, il faut travailler... Des milliers de pratiquants l'ont déjà compris depuis plus de quinze ans. La vogue et le succès même des stages incitent d'ailleurs les candidats à se poser des questions. Nous allons tenter d'y répondre. Parce qu'il ne suffit pas d'avoir l'idée de faire un stage. Mieux vaut aussi savoir ce qui vous y attend et ce que vous pouvez en retirer.

Le stage de tennis, c'est en fait le moyen idéal de se perfectionner. Surtout pour le pratiquant qui, sevré de tennis par les contraintes de la vie et par l'engorgement des clubs – notamment dans les régions urbaines –, peut, enfin, jouer beaucoup. Mais il ne suffit pas de se précipiter sur la liste toujours plus longue des organisations de stages, d'en choisir un et d'y débarquer avec la seule intention de passer des heures et des heures sur le court pour réaliser en une semaine des progrès spectaculaires. Mieux vaut bien préparer votre stage, l'aborder dans de bonnes conditions pour en tirer le meilleur profit.

● *Peut-on vraiment apprendre à jouer au tennis en une semaine ou plutôt en six jours, durée la plus courante d'un stage ?*

Effectivement, un joueur peut, en une semaine, parvenir à la connaissance de tous les coups du tennis. Il doit, au terme de cette

*Le mimétisme est inné chez l'enfant et il demeure chez l'adulte
l'un des moyens privilégiés d'apprendre le geste juste.*

période, sentir le déroulé juste dans l'espace de chacun des mouvements et son rythme propre. Il est capable de tenir un échange, de réussir un service, de faire un petit match. Cela, bien sûr, ne veut pas dire qu'il sait parfaitement jouer. Mais il peut commencer, à charge pour lui de continuer ensuite une pratique assidue.

• *Le stage s'adresse donc également à ce que l'on pourrait appeler le débutant intégral.*

Un débutant qui arrive à un stage sans avoir jamais joué effectue une sorte de préinitiation. C'est, pour lui, se familiariser avec la raquette, s'habituer à l'avoir dans la main, apprendre à lire la trajectoire de la balle. Cette préinitiation s'accompagne d'une initiation proprement dite aux gestes et aux mouvements du tennis.

Le débutant qui a déjà plus ou moins « tapoté » la balle possède déjà, lui, les notions de trajectoire et de rebond et passe donc directement à l'initiation. Dans les deux cas, les joueurs sont mûrs pour progresser. Cela ne signifie pas qu'ensuite, en tennis libre – et il faut faire beaucoup de tennis libre –, ils ne prendront pas de mauvaises habitudes. Elles devront donc être chassées. Mais ce peut être aussi une forme de personnalisation de leurs coups. À ne pas trop rechercher cependant au départ : il faut éviter de penser que l'on réussirait mieux tel ou tel coup d'une autre façon, que la technique n'a pas tant d'importance, etc. Une certaine rigueur est absolument nécessaire. C'est à partir de gestes justes que la personnalité du joueur doit se développer.

• *Apprendre, c'est le souhait du joueur qui débute.*
Ensuite, il veut bien sûr progresser. Le résultat est-il aussi sûr ?

Pour le joueur moyen qui vient en stage, on reprend les points-clés de la technique enseignée au débutant, et de façon stricte. Cela lui permet de mieux connaître les choses qu'il réussit à peu près bien et d'apprendre celles qu'il ne sait pas faire.

Pour le bon joueur, l'entraînement est à peu près le même que pour le joueur moyen. Ce qui change, c'est le rythme, la vitesse de balle : exactement comme un skieur confirmé s'entraîne sur une piste noire, un autre sur une piste plus facile. On demandera quand même à tous les deux de réussir des virages, de prendre de la vitesse, de s'arrêter, etc. Progresser en tennis, c'est donc, à partir des mêmes exercices, parvenir à bien s'entraîner à un rythme moyen, rythme auquel le stagiaire peut se sentir jouer et se corriger de ses défauts.

Pour le joueur de compétition, le stage c'est se mettre en forme, renforcer sa qualité physique, pallier d'éventuelles lacunes et surtout mécaniser et améliorer le rythme, la qualité, la régularité, la précision de ses coups pour atteindre une meilleure efficacité. Développer également des automatismes tactiques simples : le stage doit amener le joueur à effectuer les choix judicieux en fonction de la surface et de son propre jeu. Il doit aussi pouvoir décider certaines corrections légères en fonction de l'adversaire. C'est, en somme, le pousser vers un tennis-pourcentage élémentaire.

En tennis, la régularité et la précision sont des choses simples. Comme dans d'autres sports : quand un footballeur tire un penalty à 50 centimètres de la barre, il ne vise pas 1 millimètre de la barre. Et il vaut mieux, sûrement, pour un joueur moins fort, le tirer à 1 mètre pour ne pas risquer de le mettre à côté. Le tennis-pourcentage, c'est cela, c'est se bien connaître et apprécier ses marges.

• *Un stage, dit-on couramment, cela se prépare.*
De quelle façon ?

Plus le joueur arrive dans un stage en bonne condition physique, mieux il pourra en profiter. Déjà, il aura moins de risques « d'attraper » des ampoules, d'avoir des courbatures. Il est bon, dans les semaines qui précèdent et cela quel que soit le niveau, d'essayer de jouer le plus possible, parce que l'on s'apprête à passer pas mal d'heures sur le court. Il est utile également de posséder un fonds physique d'endurance, apporté déjà par le fait de jouer beaucoup mais aussi par le footing ou les classiques petites séances de « gym ». Le joueur se donne ainsi la capacité de rester longtemps sur le terrain à travailler.

Idéalement, le stagiaire devrait se présenter dans un état physiologique qui lui permette de supporter une activité physique intense (et inhabituelle) et d'en bénéficier. Démarrer un stage de tennis sans avoir effectué un minimum de travail physique, c'est aussi dangereux – ou presque – que de partir pour 8 jours de ski sans aucune préparation. Arriver en forme, c'est votre garantie de mieux, si j'ose dire, « subir » le stage.

Il s'agit simplement d'une préparation physique élémentaire et générale ; encore devez-vous vous y astreindre régulièrement...

Cultivez votre potentiel endurance en courant de 1/2 heure à 3/4 d'heure : des footings légers et progressifs. Mais aussi votre musculature de vitesse, celle qui va vous permettre le démarrage : sauts, sautillements, sauts latéraux, sauts à la corde, sprints courts et bien sûr la gymnastique traditionnelle avec séances d'assouplissement. De même, au moins dans les 8 jours qui précèdent votre stage, il est bon d'augmenter votre nombre d'heures de sommeil, de simplifier votre alimentation, c'est-à-dire de suivre non pas un régime hypocalorique mais un régime composé d'aliments ne posant pas de problèmes digestifs.

• *Le mieux n'est-il pas simplement de jouer beaucoup au tennis avant d'arriver au stage ?*

Même si vous attendez énormément d'un stage, faites de votre mieux pour jouer au tennis autant que vous le pouvez avant de l'entamer. Celui qui aura pu jouer au tennis progressera beaucoup plus vite qu'un autre, et il est bien rare, de toute façon, que l'on se sente vraiment saturé avant d'arriver à un stage.

• *On dit aussi qu'un stage cela se « digère », en un mot que ses bienfaits ne sont pas forcément visibles dès le lendemain.*

Les objectifs des stages, on l'a dit, c'est d'apprendre, de progresser, de se mettre en forme. Un autre but majeur, c'est de donner aux joueurs les bons automatismes qui permettent, consciemment ou inconsciemment, de progresser à la suite d'un stage.

Aucun joueur ne régresse. Certains peuvent demeurer quelque peu stationnaires, mais en ayant nettement amélioré certains points techniques. D'autres réalisent des progrès spectaculaires, mais, dans tous les cas, les joueurs ont emmagasiné des connaissances pratiques et théoriques assimilées pendant le stage et qui sont près de s'épanouir. Sous réserve bien sûr de continuer à jouer... et d'avoir bien travaillé. Mais dans les stages Georges Deniau, on donne à chacun le goût de bien travailler. Même les joueurs qui, possédant déjà une honnête petite technique, dont ils sont plutôt « fiers », pensent « se la couler douce » pendant leur stage sont emportés par le courant collectif des mordus qui les entourent et, presque malgré eux, acquièrent les automatismes qui leur sont en fait destinés et leur seront plus qu'utiles.

• *Pour la plupart des gens, le stage de tennis reste synonyme de vacances. Mais est-ce vraiment bien le cas ?*

Se décider à effectuer un stage, c'est vouloir s'offrir une cure de tennis. Mais si vous rêvez surtout d'un camp de vacances et que vous avez choisi l'un de nos centres, à Nîmes ou à Flaine, vous n'avez sûrement pas frappé à la bonne porte : il existe d'excellents endroits où vous pourrez taper de temps en temps dans la balle avec votre famille ou vos amis.

Ne participez pas non plus à un stage de tennis dans le seul espoir de soigner votre ligne et de perdre des kilos. Cela arrivera peut-être, surtout si vous vous êtes préparé soigneusement avant, mais ce ne doit pas être votre but. Vous n'allez pas être traité comme en leçon individuelle, mais plutôt comme à l'entraînement dans un sport collectif, et il vaut mieux aimer vivre en groupe. Ne soyez pas celui qui fait bande à part.

L'efficacité d'un stage suppose une certaine rigueur. Elle est indispensable pour que chacun profite pleinement du temps passé sur les courts. Ce qui, rassurez-vous, n'exclut pas, bien sûr, la bonne humeur...

• *Comment faut-il s'équiper lorsqu'on décide de faire un stage ?*

Si vous êtes débutant, vous ne le savez pas encore, par définition, mais vous devez pourtant prévoir le même matériel qu'un joueur de compétition. Un matériel multiplié par deux ou trois, comme si vous étiez appelé à disputer plusieurs matches par jour. Vous verrez, cela viendra... Donc, deux raquettes dont une cordée en nylon : même à Flaine, même à Nîmes, et encore plus ailleurs, il peut tomber quelques gouttes.

Un « K Way » n'est sans doute pas inutile. Deux paires de chaussures bien sûr, car vos pieds seront soumis à rude épreuve. Vous jouerez avec deux paires de chaussettes pour éviter ces ampoules qui pourraient vraiment gâcher votre plaisir. Et vous emporterez avec vous un nombre suffisant de tenues de rechange : si vous « mouillez le maillot », ce qui est probable et souhaitable, vous vous changerez entre la séance du matin et celle de l'après-midi, et le soir vous n'aurez peut-être pas une folle envie de laver votre tenue pour le lendemain.

Et puis, ne pensez surtout pas que cela n'arrive qu'aux autres : les courbatures, les petits « bobos », cela fait presque partie des stages... Prévoyez le minimum pour ne pas avoir à courir à la pharmacie dès le premier jour.

Enfin, et là c'est plus gai, le stage de tennis estival donne aussi l'occasion de s'exposer de nombreuses heures au soleil : même si vous n'êtes pas venu pour bronzer, n'oubliez pas votre crème solaire.

● *Tous les stages n'ont pas la même intensité. La tendance serait plutôt de proposer aussi des stages semi-intensifs, des stages à la carte, en somme.*

Une bonne organisation de stages doit donner à sa clientèle tous le styles de stages : intensifs, semi-intensifs, cours collectifs pour ceux qui résident près. Mais, quelle que soit la quantité de travail, il faut rechercher la qualité. L'enseignement doit toujours donner aux stagiaires les meilleures conditions pour enregistrer le maximum de ce qu'ils peuvent enregistrer.

● *Faut-il faire une différence entre les centres permanents, comme les Hauts de Nîmes par exemple, et les stages saisonniers qui se sont développés par dizaines et même centaines ?*

Les camps permanents à l'image de ceux de Georges Deniau ou de Pierre Barthès, qui ont déjà fait leurs preuves depuis un bon nombre d'années, possèdent une expérience et des équipes rodées. Leurs méthodes évoluent lentement en fonction des stagiaires.

Les saisonniers procèdent plutôt de façon empirique et ne peaufinent pas leurs méthodes à longueur d'année. Celles-ci ne peuvent pas être vraiment au point d'autant qu'elles s'adressent souvent à des stagiaires moins motivés, plus vacanciers, pourrait-on dire.

● *L'âge des stagiaires est-il un critère ?*

Il existe bien sûr des stages spécialement réservés aux jeunes, parce qu'il est toujours mieux de les mettre en groupe. Mais, d'autres fois, on mixte complètement les jeunes et les moins jeunes, les hommes et les femmes. L'essentiel est que le groupe soit homogène par le niveau technique et le niveau de jeu, et que la possibilité de travailler efficacement existe réellement pour tous.

● *Les stages uniquement féminins ne sont donc pas à recommander ?*

Ce n'est pas un problème, au contraire : on peut, à tous les niveaux, s'entraîner avec des femmes. Par contre, si l'on met sur pied des matches de simple, il faut le plus souvent faire jouer les femmes avec les femmes et les hommes avec les hommes, mais cela n'a rien d'une règle absolue. Les femmes ont des qualités de volonté, d'application et de précision souvent supérieures à celles des hommes, et cela peut apporter beaucoup. C'est aussi une façon d'apprendre aux joueurs à ne pas négliger, comme ils le font trop souvent dans les clubs, la possibilité de s'entraîner utilement avec des joueuses.

• *Certains stages ont-ils tendance à mettre l'accent plutôt sur un ou plusieurs coups du tennis que sur d'autres ?*

Dans les stages, on étudie et on entraîne systématiquement tous les coups. Et l'on travaille aussi tous les enchaînements tactiques simples. En plus, on y ajoute des exercices d'entraînement physique fractionné qui développent la vitesse d'exécution et la vitesse de course, ceci en fonction du niveau et des qualités des joueurs.

• *À côté de tous les coups du tennis, le stage permet-il de découvrir aussi toutes les formes de jeu ? Le double, par exemple ?*

À Nîmes ou à Flaine, par exemple, une journée sur cinq ou six est consacrée uniquement au double. Et chaque jour, notamment dans les cours compétition, les stagiaires font dans la diagonale du court des exercices de double qui font travailler énormément l'enchaînement dans le sens avant-arrière. La tactique du double est également étudiée.

• *Certains stagiaires n'ont-ils pas tendance à arriver avec comme une obsession en tête : « chez moi, c'est ce coup-là qui ne marche pas, et rien d'autre » ? Dans ce cas, leur applique-t-on un traitement spécial ?*

Effectivement, certains disent par exemple : « Je suis venu uniquement à cause de mon revers. » Dans ce cas-là, il n'y a pas de problème : le revers est travaillé dans le cadre du stage comme les autres coups et, si l'on s'aperçoit que c'est vraiment nécessaire, on met l'accent sur lui. De toute façon, les points faibles des joueurs sont travaillés dans le cadre du programme général.

• *Au contraire, d'autres stagiaires veulent-ils sans doute en faire trop ?*

Souvent, les stagiaires veulent rejouer en dehors des heures du stage proprement dit. C'est généralement déconseillé, surtout les deux premiers jours. Parce qu'il peut y avoir des surprises, par exemple des courbatures au niveau des mollets extrêmement sollicités par les pas chassés du jeu de jambes spécifiquement tennis (et ceci particulièrement chez les femmes). Après ces deux

Les Hauts de Nîmes : un centre permanent de stages au cœur de la garrigue.

premiers jours, ceux qui rejouent après les heures de stage le font parce qu'ils se sentent bien, ceux qui se sentent fatigués s'en abstiennent volontiers.

● *En somme, le stagiaire doit d'abord apprendre à se modérer ?*

Même si vous êtes débutant, lancez-vous... après vous être assuré que le stage que vous avez choisi prévoit bien une initiation. Avant ce stage, jouez au mur pour vous habituer à la raquette et regardez aussi les autres joueurs : imiter, c'est une des meilleures façons d'apprendre. Ce mimétisme est notamment très familier aux enfants : imitez-les à votre tour.

Mais ne vous cachez pas la réalité : dites-vous que ce sera dur, mais que le stage est sûrement le meilleur moyen pour apprendre le tennis, le plus adapté à la vie actuelle.

Aborder un stage avec modestie, c'est se donner une bonne chance de le réussir. Ne soyez pas persuadé d'en savoir autant que le moniteur, oubliez aussi vos idées préconçues sur vos propres coups : le stage n'est pas là pour tout changer mais pour que vous appreniez à mieux vous servir de votre jeu, ou tout simplement pour apprendre à jouer si vous débutez.

● *Il existe donc une sorte de mode d'emploi du stage de tennis ?*

Le stage de tennis, c'est une sorte de monde nouveau – tout beau – pour vous. Ce n'est pas une raison pour foncer tête baissée ; il existe un mode d'emploi des stages. Le changement commence, si l'on ose dire, très tôt : les horaires des stages sont en général différents de ce qu'est l'horaire de travail du Français. Le lever est matinal, un footing de « décrassage » ou de récupération a souvent lieu. Ensuite, ou avant, l'activité tennistique est intense. On se couche tôt, ou plus tôt. A cela, vous devez vous préparer : ce changement dans votre rythme de vie peut ajouter à la fatigue, surtout en début de stage.

Le rythme du stage vous semblera sûrement intensif, peut-être trop. Ses responsables connaissent pourtant les limites à ne pas dépasser, et la dose d'efforts répétés et intenses que peuvent supporter certains organismes, notamment les plus jeunes.

Cela dit, n'oubliez pas qu'un échauffement progressif est indispensable, qu'il s'agisse d'ailleurs d'une séance d'entraînement, d'une matinée, ou d'une après-midi de stage, ou d'un match en compétition. De même, apprenez à profiter des périodes de repos entre les séquences actives. La relaxation vous sera utile pour y parvenir, et d'ailleurs elle vous aidera pendant toute votre future carrière de joueur.

De toute façon, dites-vous bien que, dans nos stages, nous avons envie que nos élèves fassent des progrès, parfois plus qu'eux-mêmes.

• *La durée la plus classique d'un stage, c'est une semaine. Peut-on conseiller d'en enchaîner deux, de doubler la mise, si l'on veut par exemple consacrer l'essentiel de ses vacances au tennis ?*

Quelques personnes peuvent effectuer plusieurs stages à la suite, notamment en hiver, mais ce sont en général déjà des joueurs de compétition. Cela dit, si l'on sait se reposer – les stages durent suivant les cas, cinq ou six jours, et il y a donc une interruption –, il est possible d'enchaîner. Mais certains joueurs ne le peuvent pas, moralement et mentalement, ils ont besoin de couper. Mieux vaut leur conseiller plusieurs stages espacés dans l'année.

On connaît quand même des joueurs débutants, mais très volontaires, venant souvent d'autres sports de balle et possédant des capacités physiques solides, qui ont pu aligner deux ou trois stages à la suite et qui en sont sortis avec de très bons jeux.

• *À quel âge peut-on commencer à penser à un stage pour un enfant ?*

À Flaine, l'été, par exemple, des stages sont spécialement organisés pour des jeunes de 8 à 14 ans. Il ne semble pas imaginable de descendre en dessous...

• *Mais ces stages ont un visage assez différent et présentent pas mal de particularités ?*

Les jeunes viennent quinze jours au lieu d'une semaine. Et pendant ces quinze jours, ils partagent leur temps entre cinq activités. La première, c'est une séance technique sensiblement plus courte que celle des adultes, disons une heure et demie. La seconde est un entraînement physique foncier : culture physique de base, footing. L'entraînement de l'après-midi est essentiellement consacré au service et au smash. La quatrième activité consiste en la pratique d'un autre sport, le plus souvent collectif et différent chaque jour : football, basket, volley, relais de natation, balade en montagne, tournoi de ping-pong, etc. Il faut d'abord qu'il y ait jeu. Enfin, cinquième point, le soir, les jeunes disputent des matches, la plupart du temps relativement courts – neuf jeux par exemple –, pour développer l'esprit de compétition et, là encore, la notion de jeu.

● *De l'autre côté, pourrait-on dire, existe-t-il un âge à ne pas dépasser pour attaquer un stage, surtout si l'on est débutant ? Ou bien, peut-on imaginer des « stages du troisième âge » ?*

Les gens d'un certain âge capables de suivre un stage de tennis peuvent très bien se retrouver avec d'autres de vingt-cinq à trente ans. Ils possèdent en général la mentalité adéquate, et, au tennis, ce qui compte, c'est le niveau de jeu que l'on peut pratiquer et pas l'âge. L'idée de stages destinés à ce que l'on appelle aujourd'hui le troisième âge ne semble pas vraiment utile.

● *Mais peut-on vraiment débuter à tout âge, et notamment par le biais d'un stage ?*

Chaque année, on voit des gens de trente, quarante, cinquante ans, et même soixante, débuter. Et ils y parviennent fort bien, parfois même mieux que les jeunes. S'ils viennent, c'est qu'ils ont la volonté d'apprendre et ils mettent les bouchées doubles. Bien sûr, plus les stagiaires sont âgés, plus il faut prendre son temps. La souplesse articulaire et le don de mimétisme sont évidemment quelque peu en baisse. Mais ces handicaps sont pour le moins compensés par leur envie très forte de réussir.

● *En résumé, le stage, c'est aujourd'hui le meilleur moyen non seulement pour débuter, mais encore pour progresser et même arriver à un bon niveau ?*

Pour le débutant, c'est sûrement la façon privilégiée et efficace de s'initier au tennis. Pour celui qui se situe à un stade intermédiaire, c'est le seul moyen d'éliminer des défauts et de prendre de bonnes habitudes. Et au niveau du champion, c'est aussi une solution à retenir. Lorsqu'un joueur comme Guy Forget vient aux Hauts de Nîmes passer cinq ou six jours entre deux tournois, ou même parfois plus longtemps, c'est un programme particulier de stage qui est mis sur pied pour lui en fonction de ses besoins. Même si aucun joueur de son niveau n'est présent au même moment, des joueurs qui figurent en fin de première série ou en tête de seconde série sont des sparring-partners valables pour un entraînement des plus efficaces.

● *Les stages, leur succès ont sûrement influé sur la façon d'enseigner le tennis « à la maison », nous voulons dire dans les clubs ?*

Bien des jeunes professeurs sont venus travailler, l'été notamment, dans des organisations de stages et ont beaucoup appris pour leur métier. C'est une sorte de recyclage pour tous ceux qui sont plus ou moins livrés à eux-mêmes pendant le reste de l'année. Et ce n'est sûrement pas un hasard si, revenus dans leurs clubs, ces professeurs organisent de plus en plus de cours collectifs, pour les adultes ou pour les jeunes, sans parler bien sûr de la désormais traditionnelle école de tennis. Il faut accorder la priorité à ces formes d'entraînement collectif.

• *Les stages se sont donc multipliés en France. Et puis on a beaucoup parlé de ce qui était organisé ailleurs, aux États-Unis entre autres, et parfois même avec un certain snobisme.*

Pour ne citer que Pierre Barthès et Georges Deniau, les deux premiers organisateurs de stages en France et les plus importants, ils n'ont sûrement rien à envier aux Américains. Dans leurs camps, on enseigne le tennis aussi bien, on entraîne aussi bien, cela a été prouvé. En fait les méthodes comme celles de Nick Bollettieri ou du regretté Harry Hopman, l'Australien qui s'était installé aux États-Unis, sont valables lorsqu'elles sont mises en pratique par ceux qui savent les utiliser. C'est la même chose en France : la méthode Deniau est bonne si l'on sait s'en servir. Un fusil, c'est pareil : une méthode d'enseignement est une arme et, si on ne l'utilise pas dans le bon sens, elle peut faire du mal. Il y a forcément beaucoup de points communs et des choses semblables sont faites chez les uns et chez les autres.

• *En résumé, cette méthode Deniau, en quoi consiste-t-elle ?*

C'est d'abord une certaine conception du tennis, qu'il s'agisse de l'enseignement ou de l'entraînement. À un niveau ou à un autre, nous demandons aux joueurs de donner le meilleur d'eux-mêmes, tant dans le domaine physique et technique que dans celui de leur concentration ou de leur intelligence. Bien entendu, nous le réclamons à chacun en fonction de ses moyens, de ses possibilités. Mais attention, le souci de la technique ne doit pas conduire à « ergoter » trop longtemps sur des points secondaires.

Au plan technique, la priorité est donnée au travail du coup d'œil et donc au jeu de jambes, à la maîtrise de soi, à l'équilibre du corps. À partir de là, les gestes du tennis deviennent beaucoup plus simples, et nous portons précisément l'accent sur cette simplicité première, laissant ensuite les joueurs exprimer leur personnalité. Mais seulement à partir d'un certain niveau, pas avant d'avoir respecté les bases.

Cette rigueur a une raison. Nous la demandons aux stagiaires, mais elle est aussi celle de toute l'équipe d'encadrement. Nous sommes une équipe de gagneurs, et notre ambition c'est de faire progresser les gens. Parce que les gens qui progressent sont des gens contents et que nous voulons que ceux qui viennent chez nous le soient.

Le courant doit passer pour que nous puissions communiquer les uns aux autres le plaisir de jouer. Mieux on joue, plus on se fait plaisir sur un court. Regardez comme la joie des meilleurs est importante.

Pour tout dire, le plaisir de pratiquer un sport merveilleux, l'envie de bien faire n'excluent pas la bonne humeur. Mieux, elle leur est nécessaire.

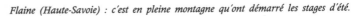

Flaine (Haute-Savoie) : c'est en pleine montagne qu'ont démarré les stages d'été.

Il n'est
jamais trop tard...

Non, il n'est jamais trop tard pour commencer à jouer au tennis. Et le meilleur moyen de s'y mettre, c'est sûrement de passer par un stage.

J'en suis un bon témoin. J'avais 39 ans lorsque j'ai songé à me tourner vers le tennis. La quarantaine, c'est souvent l'âge auquel on délaisse, parfois forcé et contraint, certaines disciplines exigeantes ou dangereuses. Et comme il n'est pas question, au moins pour certains comme moi, d'abandonner toute activité sportive, il faut trouver autre chose. Et qui soit, si possible, passionnant.

Le tennis, par exemple, dont on dit, à juste titre, que c'est le sport de toute une vie. Bien sûr, j'avais quelques dispositions, un passé athlétique, pourrait-on dire : ainsi, j'étais coureur cycliste de 1re catégorie. J'assimile plutôt bien les techniques sportives nouvelles : plus tard (bien plus tard, hélas !), je suis parvenu, en golf, à un handicap correct. Enfin, dans mon métier d'éditeur, je suis plus un homme de terrain, de contact avec les auteurs, qu'un homme de bureau. Le tout pour dire que, lorsque j'ai « attaqué » le tennis, j'ai voulu le faire sérieusement.

Et c'est comme cela que j'ai découvert Flaine, la station de Haute-Savoie où Georges Deniau avait installé son camp de base. Celui d'où l'on part à la découverte du tennis. Mon moniteur était Jacques Laurent qui a ensuite volé de ses propres ailes dans le domaine des stages.

Oh ! je ne peux pas dire que je n'en ai pas « bavé » par moments. Je ne peux pas affirmer que j'ai toujours porté au superbe cadre des montagnes qui entourent le centre construit par la SEPAD*, aux 26 courts étalés au pied des alpages, l'attention qu'ils méritaient. Ici on transpire, ici on souffre, ici, à l'occasion, on se fait « engueuler ». Mais c'est pour la bonne cause.

Bref, on n'a pas vraiment le temps de regarder le paysage, occupé que l'on est à se demander si l'on va s'en sortir. Et puis, c'est la formidable surprise d'un stage bien conçu et bien mené, on y arrive. Croyez-moi, si je n'étais pas devenu l'éditeur et l'ami de Georges Deniau, si je n'avais pas fait le voyage de Flaine, je n'aurais sûrement jamais été classé en troisième série. Et je n'aurais jamais eu l'idée de passer les deux degrés d'éducateur qui me permettraient à mon tour... d'encadrer un stage. Mais, ne craignez rien, je laisse ce soin à Georges Deniau et à son équipe.

Cela dit, vous n'êtes nullement obligé d'attendre la quarantaine pour connaître le plaisir de constater vos progrès jour après jour. Et si ce n'est vous, ce sera votre fils (ou votre fille) : à Flaine, des stages spéciaux, où les autres sports ne sont pas oubliés comme complément du tennis, sont mis sur pied pour les jeunes à partir de 8 ans et pour les adolescents.

Une chose est sûre, et je l'ai constaté : vous en redemanderez, pas par masochisme mais parce que les bienfaits sont tellement évidents, que vous soyez débutant ou déjà confirmé.

Donc, vous reviendrez souvent à la source, au moins pour remettre votre jeu en ordre. A Flaine, l'été, si vous avez été conquis par la qualité des installations... et de l'air. Ou encore à Nîmes, où Georges Deniau et la SEPAD ont installé un centre ouvert toute l'année : 33 courts (dont 4 couverts) disséminés dans la garrigue et des mas provençaux où vous pourrez loger.

Avec, en Haute-Savoie comme dans le Gard, la même méthode dynamique et rigoureuse pour apprendre, progresser et gagner.

Comme le disent les guides, Flaine et Nîmes méritent le détour. Ils méritent même beaucoup mieux, ils méritent un séjour, et même plusieurs.

Alors, prenez vos raquettes sous le bras et partez en toute confiance vers l'un ou l'autre des deux centres de Georges Deniau.

Au fait, j'allais oublier une dernière chose : n'oubliez pas votre bible, je veux dire ce nouveau livre. A vrai dire, là-bas, on vous laissera tout juste le temps de lire : alors, si vous ne devez emporter qu'un seul bouquin, ce sera bien sûr celui-là...

Daniel Mermet,
directeur de la collection
« Sport pour tous ».

---

* *Pour tous renseignements, s'adresser à : SEPAD Loisirs, 23, rue Cambon, 75001 Paris. Tél. : (1) 42.61.55.17. Télex : 670512.*

FICHE TECHNIQUE

L'éditeur tient à remercier la firme Adidas, et notamment Christophe Vignaud, directeur de la promotion tennis, de nous avoir fourni toutes les précisions sur le matériel choisi et utilisé par Georges Deniau lui-même et ses moniteurs dans ses camps d'entraînement permanents.

Tout l'encadrement des stages Georges Deniau est en effet équipé par Adidas : raquettes bien sûr, vêtements évidemment, chaussures et chaussettes, cela va de soi, mais encore survêtements, et aussi des vêtements anti-pluie ou coupe-vent pour les cas, tout à fait improbables, où, pour un court moment, il ne ferait beau ni à Nîmes ni à Flaine. La raquette que Georges Deniau a choisie est la C.F. 25 G. Une raquette « nouvelle génération », dont les normes ont été calculées par le système « D.A.O.-C.A.O » (= dessin et conception assistées par ordinateur), en 3 dimensions. Réservée aux joueurs exigeants, elle présente les particularités d'une raquette « Mid Size » sans, pour autant, perdre la précision d'une raquette classique.

Les performances en jeu

En résistance, elle est réalisée dans une combinaison à base de 80 % de fibre de carbone qui lui assure une rigidité maximale. Il en résulte une très haute qualité mécanique, celle-ci étant entièrement calculée sur ordinateur.

En contrôle, la grande rigidité du tamis élargi apporte une tolérance maximale au décentrage toujours possible de la balle.

Les vibrations sont annulées grâce à une nouvelle conception du manche, au pouvoir exceptionnel d'absorption du polyuréthanne, grâce aussi à une zone très dense en surface et à une augmentation progressive de la porosité vers le milieu.

En rendement, avec son cœur ouvert et sa géométrie performante qui lui donnent une excellente stabilité latérale, la C.F. 25 G atteint un exceptionnel coefficient de pénétrabilité dans l'air.

En maniabilité, cette raquette d'avant-garde permet une grande vitesse de frappe et se révèle particulièrement efficace au service et à la volée.

TABLE DES MATIÈRES

L'entraînement, clé de voûte du tennis de compétition

Ce livre a été réalisé avec la collaboration de Gilles Delamarre. Le chapitre consacré aux soins du joueur de tennis doit beaucoup aux précisions apportées par le Docteur Jacques Parier et celui portant sur l'entraînement physique aux conseils d'Yves Hugon, professeur d'éducation physique et enseignant de tennis.

Photographies : Serge Philippot-Tennis Magazine.
Dessins et maquette : Andréa Lebelle.

Achevé d'imprimer
en mai 1986
par Maury-Imprimeur S.A.
45330 Malesherbes
pour les Éditions
Robert Laffont

N° d'éditeur : 5832
N° d'imprimeur : C86/18294T
Dépôt légal : mai 1986